# 康德幸福語錄

康德用嚴格的時間安排自己的活動，
他的散步時間比市政大樓的鐘錶還要準確。
康德精神探索的觸角延伸到人類精神生活的每個地方，
留給我們豐富的精神財富。

趙良傑———著

# 序言

　　人的一生是如此的短暫而有限，如何讓自己有限而短暫的人生美好而富有意義，這是每個人在內心深處都要追問的問題。人生的意義究竟何在？我們如何才能無愧於生命的贈予，創造屬於我們自己的輝煌人生呢？自然，人生的這些終極問題是沒有固定答案的，每個人都可以從自己的生命體認和現實情境中給出不同的回答。不過，這些不同的回答可能會有一個共同的指向——在人有限的生命中，每個人都在追求屬於自己的幸福，恰如古希臘哲人伊壁鳩魯所言：「當幸福在時，我們便擁有一切，而當幸福不在時，我們便儘力謀求它。」

　　然而，人生的價值與意義真的僅僅在於個體的幸福嗎？人的生命中有沒有超越個體幸福的其他目的呢？我們都得面對一個問題：每個人都會死去。我們所追求的幸福最終都會隨我們生命的結束而隨風飄散，這終將消散的幸福究竟有何意義？換句話說，人生有沒有永恒的價值？

　　追求永恒的人生價值，是康德終其一生的目的，或者說，是康德幸福論的核心。康德在追求一種超越一般幸福觀念的幸福論。康德認為，祇有站在普遍人類正義的立場，人生才具有意義。每個人終將逝去，而人類卻永恒。祇有與普遍人類的福祉相聯繫，個體生命的意義才具有永恒不減的光輝。因此，研究人成了康德哲學的唯一主題。

康德哲學的主要問題是：「我能認識什麼？」、「我應如何行動？」、「我可以期望什麼？」……都是人這一主題在認識論、倫理學、目的論領域的展現，並最終歸結為「人是什麼」這一終極之問。我們在康德的語錄中難以看到庸俗的道德說教，也看不到老謀深算的處世技巧。我們能夠看到的祇是康德對人這一主題心平氣和的探索，對人類尊嚴的最高讚嘆和基於人類理性對人類歷史的樂觀態度。康德的目的祇有一個：使人能夠變得更富人性，生活變得更加美好，從而幸免於無謂地拋灑鮮血，不受種種愚妄和幻想的擺布。他要讓整個世界變成一個全然屬於人類的世界，擺脫生命的偶然帶來的苦難與不幸，讓世界成為人的家園。康德告訴我們，人類因理性而偉大，祇有理性的人才能掌握自己的命運。

追求超越幸福的幸福論並不反對每個人的個體幸福，相反，它是個體幸福的前提。康德並不站在人類理性的普遍要求上貶低每個人的幸福，而是努力將普遍理性的追求與個體幸福調和起來，這樣才能達到他所謂的「至善」。這就是為什麼理性主義的康德會對審美、宗教、情感等主題傾注鉅大的心血，它們是每個個體人生幸福的依託和直接承載者。

康德的一生是屬於學者的一生，他的日常生活單調

而重復。為了追求真理，康德對自己的生活極為苛嚴。他終身未離開他的出生地——小鎮格尼斯堡半步，用嚴格的時間安排自己的活動，他的散步時間比市政大樓的鐘錶還要準確。在這狹小的地理空間裡，康德精神探索的觸角卻延伸到人類精神生活的每個地方，留給我們豐富的精神財富。

在這本小冊子中，我們編輯了康德著作中關於人生哲學的若干精彩語錄。由於康德理論博大精深、文字晦澀難懂，我們加入了必要的解說和有關問題背景介紹的知識。我們相信，康德的這本語錄，對讀者諸君理解什麼是真正的幸福、怎樣獲得自己的幸福將具有很大的啟發意義。

# 目錄

*Immanuel*
*Kant*

## 父母的道德榜樣

父母的道德榜樣是滋養孩子靈魂最重要的因素。在動蕩不安的社會中，祇有以強大的道德人格才能維持家庭的平衡。這關係到個人的前途與未來，也關係到家庭的穩定與平衡，更關係到孩子未來的成長及對生活的基本看法。約翰與安娜（康德的父母）在他們的兒子眼中始終擁有良好形象：

我仍然記得……馬具師與鞍轡師有一次一起激烈地爭奪一筆生意，我的父親為此深受困擾。儘管如此，父母始終以最大的尊重與愛對待他們的敵手，並且相信天意。雖然我當時祇是個小孩子，這個事件卻給我留下了難以磨滅的記憶。（《康德書信百封》）

# 親情的永恒

　　人一無所有地來到人世，親情是他（她）唯一的憑靠。在人生漫長的成長過程中，親情的缺失往往造成我們無法承受的悲痛，是我們永遠無法挽回的遺憾。對於每一個人來說，人生是如此的有限而短暫啊。在我們的生活中，唯一讓我們能感到永恒的，也許祇有親人帶來的親情。為親人默默地祈福，為離世的親人送去我們最美好的寄託，是我們珍惜親情、保存親情的最好方式。（《道德形而上學基礎》）

　　康德父母早亡，但康德將他父母的愛、父母的教誨一直深埋心底。

　　3月24日，我親愛的父親安詳地離開了人間……上帝雖然沒有賜予他喜樂的一生，願他從此讓他分享永恒的喜樂。（《康德書信百封》）

　　康德的母親安娜是一個「心胸開闊且善解人意的女性……有一顆高貴的心，她的宗教信仰真誠卻不狂熱」。

　　我永遠不會忘記我的母親，因為她在我心靈中植入了第一顆善的胚芽，並加以灌溉；她引導我感受自然現象；她喚醒並助長了我的觀念，她的教導在我生命中留下了無間斷的、美好的影響。（《康德書信百封》）

## 不要寵壞孩子

　　不管在哪個社會，教育都是一個舉足輕重的問題。新生命的誕生在給家庭帶來歡樂的同時，無疑也會給一個家庭帶來鉅大的負擔。孩子的乖巧與聰明令人欣慰，固執與淘氣又讓人傷身和傷神。如何發揮孩子的創造力和鉅大的潛力，避免孩子自我中心意識的增長，是引導孩子走上健康道路的重要方法。康德對這個問題有非常深刻的見解。在「關於人類學的講義」裡首先反對的就是寵壞孩子。

　　通常把女兒寵壞的是父親，把兒子寵壞的是母親。母親通常較喜歡有活力並且勇敢的兒子。不過，兒子通常比較愛慕父親。（《實用人類學》）

　　這是因為：

　　倘若沒有被寵壞的話，小孩子真正喜歡的是必須付出辛勞才能得到的樂趣。……一般而言，母親……比較寵小孩。然而我們發現小孩子（特別是兒子）對父親的愛慕甚於母親，原因是母親會為了避免小孩受傷而不讓他們跑跳。父親雖然在小孩子逾越分寸的時候對他們吼叫，甚至出手懲罰。但他也時時帶他們到原野上去，讓他們可以像個男孩子，允許他們奔跑、遊戲，儘情玩樂。（《實用人類學》）

## 重視人格教育

對孩子最重要的是人格教育。與那些機械的技能教育不同，也與那些陳腐的道德說教不同，人格的教育是培養孩子完整而健全的人格。人格教育是重要的，對孩子的人格教育尤為重要，因為孩子的人格在形成期，還未定型，具有極大的可塑性。

對一個人格發展尚未成型的人而言，模仿是第一個意志規定，以讓孩子接受後來他自己也會訂立的準則。（《實用人類學》）

對小孩人格的教育需要多方面著手，它包括營造溫馨的環境，塑造獨立的個人精神，培養堅強的意志。（《康德書信百封》）

康德一生的成功可以說與他父母健全的人格教育有莫大的關係。父母是虔敬派基督教徒，但康德從父母身上得到的不是宗教學說的訓練，而是給他一個溫暖的、體貼的、可靠的環境，幫助他建立自信和發揮自我價值。

像他的其他兄弟姊妹一樣，被母親稱為「小紐曼」的康德為父母的愛所滋潤。父母一以貫之的人格教育成為康德健全發展最為關鍵的因素。取得鉅大成就的康德曾經回憶道：

事實上，他們給予子女的不僅僅是愛，還有尊重。他們善於教育，為小孩子提供一個雖然簡樸、但和諧而雅致的居家環境。另外他們也在每個階段全力支持求上進的大兒子。（《康德書信百封》）

*Immanuel*
*Kant*

# 人格不容侵犯

康德提倡的人格教育思想非常豐富，其內容包括清潔衛生以及節約，但最為重要的則在於培養孩子對人格尊嚴的神聖感和自豪感，也就是說，對於人類自身的愛是人格教育的出發點和落腳點。

人類在內心裡有其尊嚴，因此他是萬物之靈，而他的根本義務也就在於不去否認在其人格當中的人性尊嚴。（《論教育》）

人格教育還包括一個重要的內容，即對別人的敬畏與尊重。要讓孩子明白，不管是貧窮還是富有，每個人的人格是平等的。尊重每個人的人格，不是為了獲得別人的尊重，也不是害怕因侵害別人的人格而遭到報復，亦不是因侵害別人的人格會給對方造成不可挽回的損失，而是因為人格本身不容侵犯。在康德看來，這就是人權：

例如當孩子對某個窮人的孩子感到不屑，因而回避他或者無情地把他推開，甚至毆打他等等，則大人不應該跟他說「不可以打人，因為他會痛」，或說「你應該有同情心，他是一個可憐的孩子」。相反，我們必須讓小孩明白如此的行徑與人權相抵觸。（《論教育》）

## 銘記父母的教誨

對於父母的賜予，康德終身感激，不敢須臾忘卻。成年之後，他多次提到：

父母讓我得到了從道德角度而言最佳的教育背景，終其一生，我都對早期的道德教育十分感念。（《康德書信百封》）

銘記父母的教誨是康德一生最珍貴的財富。自己親身接受的人格教育是康德教育學思想的重要來源。在人格教育中，康德區分了以紀律為基礎的體能教育和以準則為基礎的道德教育。康德告訴大家：

前者並不允許兒童自由思考，祇是給予鍛煉，它的目的是體格和體能的提昇。很顯然，最為重視的還是道德教育。就道德教育而言，若其方法以模仿、威嚇、懲罰為基礎，一切的努力都將白費。（《康德書信百封》）

做到這一點需要很高的智慧嗎？康德的父母可都是未受教育的底層人民。康德父母的例子告訴我們，依照自己內心樸素的良知就能做到。

## 道德教育比知識技能重要

康德一直都堅信，道德教育比純粹的知識技能的教育更加重要，因為道德關切到一個人融入社會的基本規範。需要警惕的是，道德教育不能以灌輸的方式來完成。從自己的經驗出發，康德有言：

道德教育的重點是培養孩子對規則的認同，因為祇有對規則的自由認同才是善。道德教育必須是父母引導小孩子體驗行為的準則，而不是讓他們盲從習慣。小孩子不是僅僅要做好事，而是：他們做好事，因為那是善行。因為道德行為的一切價值出自於其準則。更重要的是，為了讓道德感往下紮根，我們必須儘量以身教及言傳來讓小孩子明白他們的道德義務。畢竟小孩子祇需面對一般性的義務，對自己以及對他人。（《論教育》）

正因為如此，康德堅決反對孩子撒謊，這不僅是因為撒謊會造成很壞的社會影響，更關鍵的是，撒謊會對孩子的人格成長造成損害，而人格的損害是很難修復的。

謊言使人類成為輕蔑的對象，並且使孩子失去對自己的尊重和信賴。（《論教育》）

## 要有堅強的意志

任何事情，沒有堅強的意志，沒有持之以恒的決心，是很難取得成功的。古往今來仁人志士的經歷告訴我們，堅強的意志是人生最為寶貴的財富，是在逆境中不心灰意冷，在生活中保持熱情的必備條件。中國古人有言：「天將降大任於斯人也，必先苦其心志，勞其筋骨，餓其體膚，空乏其身，行弗亂其所為，所以動心忍性，增益其所不能。」（《孟子》）

保持堅強的意志，首先要果斷確定人生的目標與方向，人生的目標與方向不明確，付出的鉅大熱情就可能白費。確定一條人生道路，在此道路上堅定不移地往前走，是實現人生理想的必經之路。對此，康德的一生就是很好的例子。在康德的晚年，他回憶自己的人生軌跡時寫道：

我已經確定了自己要走的軌跡，而且堅定不移，既然我已經走上這條道路，沒有什麼能夠阻止我走下去。（《自然科學的形而上學初始根據》）

保持堅強的意志，是對人生充滿信心的表現，它說明我們對自己所選擇的人生道路確信不疑，因而能使我們的生命充滿生氣，煥發出迷人的光輝。意志堅定的人，整個人生的格局和生活的境界都能與眾不同。這是康德的信

念，也是康德取得成功的秘訣：

　　我總以為，對自己能力充滿高貴的信任感是不無益處的。這種信心煥發了我們一切努力的活力，給予這些努力以更大的推動，它們對於達到真理是大有好處的。（《論教育》）

　　看來，對堅強意志的強調，在中西偉人的思想中是高度一致的。

## 得體的社交

社交是人的一種基本的能力，是個體融入社會的重要渠道，是一個人塑造社會形象的主要方式。如何維持一種穩定而健康的社交？在如何維持良好的社交形象上，其貌不揚的康德的活動可以為我們提供借鑒。據他那個時代的人們形容，康德是一位身材瘦小、略有些殘疾的碩士，卻在社交場合受到大家的歡迎。康德是如何做到這點的呢？康德對一個成功的社交者提出了如下幾個要求：

他首先需要知識淵博，談吐優雅，活躍而和藹；他總是彬彬有禮。說話詼諧而有分寸，表情莊重而爽直，和他交談讓人非常愉快；他總是能夠將抽象的思想，說得娓娓動聽，將他自己所主張的每一種意識都表達得清晰而有力，滿嘴都是詼諧的語調。（《道德形而上學基礎》）

就康德自己來說，他對夫人們很少談論高深的哲學，而善於同她們談論烹調藝術。他有時會略帶諷刺地對夫人們說：

你們用表和用書一樣，祇是把它們佩戴著，表示有這樣東西。至於它停了，或者時刻不準，那就不管了。（《康德書信百封》）

他的戲謔並沒有傷害到夫人們，相反，他的幽默卻

受到夫人們的青睞。人們都親切地稱他為「優雅的康德碩士」。康德問道：

如何在參與社交活動時揚長避短，發揮自身最佳的社交優勢，取得最好的社交結果？在社交場合中，談自己的專業是合適的嗎？開玩笑的限度和分寸怎麼維持？在我們這個時代，參與社交活動時如何引導話題，如何調節氣氛？（《康德書信百封》）

對於這些越來越具有一些專門化的要求，我們可以從「優雅的康德碩士」那裡得到些許啟發。

## 婚姻的抉擇

像康德這樣一位「優雅的碩士」，在社交場上深受婦女們歡迎，但還是一輩子獨身。康德對此處之泰然：

對於哲學家來說，獨身並不稀奇。柏拉圖、笛卡爾、霍布斯（1588-1697，英國政治家、思想家、哲學家——編者註，下同）、洛克（1632-1704，英國哲學家，經驗主義開創人）、萊布尼茨（1646-1716，德國哲學家、數學家。與牛頓先後獨立發明微積分）、休謨（18世紀英國哲學家、歷史學家、經濟學家。首倡近代不可知論）都沒有結婚。（《康德書信百封》）

有人說，康德不結婚，是由於他內心對母親的崇拜，這導致了他對其他女人的看法有所不同。但是康德本人卻有不一樣的解釋：

當我需要女人的時候，我無力供養她；當我能夠供養她的時候，她已經不能使我感到對她的需要了。（《康德書信百封》）

我們知道，康德一生節儉，他的生活可以說是很清貧的，這使得他慎重地考慮婚姻，並最終選擇了獨身。

## 如何維繫婚姻

獨身生活並不妨礙康德對婚姻發表一些深刻的見解。事實上,對於婚姻,康德的看法也非常健康:

對於婚姻的性質、婚姻的功能、婚姻中男女的責任與義務、婚姻的義務等,是人類學的重要課題。(《實用人類學》)

康德對這些問題的看法都非常獨特。康德充分估計婚姻中的激情與日常生活的消磨力量的作用。如何維持婚姻初期所具有的激情?如何克服重復的日常生活對消磨掉婚姻情感紐帶的影響?康德的看法是將婚姻的激情轉化成一種具有親情關係的友誼。他認為:

男人和女人應該互補,婚姻使得男女結合成為道德的個體,這個個體具有男人的理智和女人的情趣。結婚初始,雙方都能感受到溫柔體貼,但隨著日常的家庭生活,這種感情就會逐漸消退,而轉化為一種友誼,依賴一種親情維繫。(《實用人類學》)

針對這樣的婚姻中面臨的真實,康德告誡男人和女人們:

要懂得在結婚之初,用高明的技巧保持最初的那種情感,不要讓它被冷漠無情和寂寞無聊所扼殺。貌合神離,

彼此不能平等相處，在任何人看來都是不好的。婚姻是一種道德，每個人，無論是男人還是女人，都應當用自己的真心付出來維係它。（《實用人類學》）

顯而易見，婚姻中的激情是一種很難持久的珍貴情感，我們需要慎重對待。

*Immanuel*
*Kant*

25

## 男女各有性別特質

康德對婚姻的看法建立在他對男女性別特質的看法上。對女人和男人的看法，我們的哲學家還是很公允的，他以詩意化的比喻，將男女的性別特質刻畫得栩栩如生。

夜晚是崇高的，白天是優美的。崇高的東西讓我們激動，優美的東西使我們愛慕。崇高的東西永遠應該是宏大的，而優美的東西則可能是微小的。女人的智慧是優美的，男人的智慧則是崇高的。女人不懂得什麼「應當」和責任，她們做某事全憑自己的愛好，她們不受規則的約束。但是上帝給了女人善良和同情心，賦予她們通情達理的細膩感情，男人不能要求女人做出犧牲和自我節制。（《關於美感與崇高感的考察》）

儘管我們不會全然同意康德的這種兩分法，但在某種程度上，他的確道出了不同性別的獨特性質。

## 人格平等是友誼的基礎

康德對友誼的看法並不新鮮，但卻很深刻地剖析了友誼的內在悖論。

談到友誼，康德常引用一句古代的諧語，那就是他從第歐根尼‧拉爾修（約200-約250年，羅馬帝國時代作家）那裡引用來的：「親愛的朋友們，朋友是不存在。」

雖然這是一句戲言，但是戲言中總包含有真義。它充分昭示出友誼的稀少與獲得真摯友誼的艱難程度。康德也認為這句話表明了友誼的這一真實方面：

我們每個人都極力在尋找真實的友誼，也往往非常珍視得之不易的友誼，從內心深處渴望獲得友誼，但即便我們以為找到了，事實上也是沒有一個人能同自己的精神興趣完全一致。（《關於美感與崇高感的考察》）

康德的意思是說，在友誼的深處，埋藏著友誼破裂的隱藏至深的種子。如何避免友誼的破裂呢？康德認為首先需要保持雙方的人格獨立：

維持友誼，首先要保證朋友雙方的人格獨立，還要保證雙方人格有互動融合的部分，所以，友誼需要有互補性。如何在與朋友交往的過程中，不失去自我，同時又能夠有足夠的共享空間，就成為處理友誼問題的關鍵。

（《關於美感與崇高感的考察》）

　　就康德個人而言，他是非常珍視友誼的，為此還分析過自己的性格，認為自己抑鬱質的性格也許會獲得非常真誠的友誼。事實上，康德一生的不同階段也確實獲得了非常真摯的友誼。

## 幸福與個人的需求相關

　　幸福與道德究竟有什麼關係？日常生活告訴我們，有德的人未必有福，有福的人未必有德。那麼，究竟追求幸福是我們的人生的目的，還是追求道德是我們的人生的目的呢？（《實踐理性批判》）

　　這不僅是我們的疑惑，也是作為哲學家的康德的疑惑。康德認為，幸福是一個經驗性概念，它與人的需要有關：

　　同一個人，能夠把他生平僅見的一部好書，不經閱讀，就還給人，以免耽誤打獵；能夠中途拋開一段妙論，驅趕著赴宴；……能夠因為當時手頭的錢祇夠買張戲劇門票，而把自己原本準備周濟的窮人攆走。因而這個人的幸福概念也隨他的需要而定。（《實踐理性批判》）

　　因此，幸福與人的感性欲望和變化萬端的個體需求密切相關，它並不是人生的終極目的。何為人生的終極目的呢？康德以為，是道德。

## 超越幸福的道德

可以看到，幸福隨經驗和需要而轉變，而道德則不同，道德是永恒的，它祇與道德自身的法則有關，是人的自由意志的立法形式。

一個祇能以準則的單純立法形式作為自己律令的意志，就是一個自由意志。……一個自由意志既然不依靠於律令的實質，就祇有以律令為其動機了，但是在一條律令之中，除了實質，也祇含著立法形式，別無他物。（《實踐理性批判》）

因此，在康德看來，道德是超越幸福的人類的最終目的。當然，道德與幸福並非必然矛盾。但幸福因為與利益和需要有關，所以是相對的；道德祇與自身的法則有關，因而是永恒的。

與以人的利益、幸福為基礎的有條件的、相對的「假言命令」根本不同，如果行為所以善，因為它是得到什麼別的東西的手段，那麼，這個命令就是假的；如果這行為被認為本身就是善的，從而為理性相一致的意志原則所必需，那麼這個命令就是絕對的。（《道德形而上學基礎》）

## 善良意志是人類的尊嚴所在

康德的倫理學是一種超越幸福論的倫理學，這在人類歷史上確實與眾不同。康德為人類設定了一個超越個體幸福的道德目的，極大地提昇了人類的價值。人類之所以成為人類，在康德的理論中，是因為能道德地行動。這充分說明，人類有「善良意志」。

無論在這一世界內或外，沒有什麼東西可以稱作無條件地善的，除了善的意志。（《道德形而上學基礎》）

善良意志是人類區別於一切存在者的根據，是人類尊嚴的體現：

自然中萬事萬物均依照法則而活動。祇有理性的存在者有能力依照對法則的概念而行為，也就是按原則而行動。這就是說，有一個意志。（《道德形而上學基礎》）

他由於覺得自己應行某事，就能夠實行某事，而且親身體會到自己原是自由的。（《道德形而上學基礎》）

## 至善是道德與幸福的一致

道德高於幸福，它超越於個體欲求和需要，因而是無限的、永恒的。但個人作為現實具體的個體，他（她）祇能是有限的，無法完全超越與個體感性欲求相關的幸福。（《道德形而上學基礎》）

所以，對於現實生活中的個人，康德認為，真正可欲的至善是道德與幸福符合一致。祇有道德與幸福相一致，才能達到至善，這也是人類追求的最終目的：

……或者是謀求幸福的欲望是德行準則的推動原因，或者是德行準則是幸福的發生原因。第一種情形是絕對不可能，因為塵世上一切實踐方面的因果聯係，作為意志被決定以後的結果看，並不遵循意志的道德意向，而是遵循對於自然法則的認識，並依靠於利用這種知識以求達到自己幸福的物理能力之上。因此，我們縱然極其嚴格地遵行道德律令，也不能因此就期望幸福與德行能夠在塵世上必然地結合起來，合乎我們所謂的至善。（《道德形而上學基礎》）

祇有至善，才是人類追求的最終目的，它超越了個體的一己之幸福。

## 教育的誤區與目的

　　教育的重要性是古今中西的哲人都無法忽視的。康德無疑也知道這一點：

　　教育確實是人類生活中至關重要的問題，它不僅關係到人類的現在，還關係到人類的未來。因此教育的方式和目的就非常的關鍵。社會中的很多問題往往在於教育方式的誤導。（《論教育》）

　　在康德看來，人類有兩項發明創造是最困難的，那就是管理的技巧和教育的技巧。社會的發展恰恰依賴於這兩者，所以，教育問題非常重要。

　　教育就是要使得一個人成其為人，而人從某種意義上說，是教育的產物。（《論教育》）

　　不過人們對於教育的目的並不清楚。難道不是嗎？康德給出了一系列疑問：

　　教育的目的是什麼？是培養孩子的生活能力還是培養孩子的人格力量？是培養孩子遵守規則還是培養孩子認識理解規則的能力？是教授孩子各種科學道德知識，還是鍛煉孩子的學習熱情和學習能力……當然，也許人們會說，這些都是教育的目的，關鍵是如何取得相互之間的平衡。但問題在於，這些目的孰輕孰重？（《論教育》）

對康德而言，答案是不言而喻的。教育的目的是「使得一個人成其為人」，也就是說，祇有人是教育的目的。而教育的誤區恰恰在於，人成為了教育的犧牲品而不是目的。據此，康德嚴厲批評當時流行的教育方式，並重申人作為教育目的這一主張：

父母和執政者會害了孩子，他們都不懂得教育孩子，因為他們要麼祇關心孩子的生活是否舒適；要麼祇把孩子當成統治的工具，而不是把他們當成人，當成教育的受害者。對他們的教育，祇是從現有的秩序來進行，而真正的教育應當是以培養真正的人為目標。（《實用人類學》）

# 教人們哲學地思考

以人為目的，作為成功的學者和教師，康德這樣確定他講課的對象：

我不是為天才講課，他們自己會給自己闖出一條道路來的；我也不是為傻瓜講課，為他們不值得花這麼大的氣力。我是為那些水平中等並想要把自己培養成將來能勝任工作的人講課的。（《康德書信百封》）

對康德這一觀點，可做兩種不同的理解。如果這句話說的是康德自己講課的要求與原則，這就是康德自己的自由，是他根據自己的授課特點確定自己授課對象的權利；如果這句話說的是一種普遍的授課標準，則不僅我們很難同意康德的這種將人分為天才、傻瓜、中等的做法，而且與康德人格普遍平等的思想相違背。不過，康德喜歡在課堂上重復一句話：

我不是教哲學，而是教人們哲學地思考。（《實用人類學》）

這道出了康德教育思想與眾不同之處，即不是傳授固定的知識內容，而是鍛煉學生的學習能力。

## 人生的目的與意義

人生在世，難免會生出許多疑惑：

人的一生是如此的短暫而有限。在這短暫而有限的人生中，還可能會有無儘的苦痛與折磨等待著我們。如此，我們的生命是值得過的麼？在這充滿苦痛與災難的人生中，什麼才是人生的目的？如何才能獲取生命的意義？（《純然理性界限內的宗教》）

古希臘哲人有言：「未經審視的人生是不值得過的人生。」（色諾芬《回憶蘇格拉底》）

可以安頓生命的事物並不少，功名利祿、福壽權財是很多人追求的對象。很多人在其中如魚得水，悠然自樂。但這是人生真實的目的嗎？

每一個人在生命的某個階段都會追問，生命的意義何在？既然我的肉體生存終歸寂滅，那麼，真正的問題是如何保持精神的永恒，於是有了各種宗教，有了對於上帝的信仰，也有了風水迷信和占星術的出現。如何將自己有限的人生嵌入永恒的深處，成為人類的哲學、藝術、宗教、文化的終極關懷。（《純然理性界限內的宗教》）

## 為人類的福祉和尊嚴奠定基礎

　　有人為了肉身存在，但肉身終歸幻滅；有人為了財富生存，但財富無法永恒；也有人為了上帝而存在，但上帝終不降臨……對此，康德的抉擇是明確的，康德的選擇是他那個時代人道主義精神的一次光輝的綻現。康德明確地說，他是為人類而生活：

　　如果說的確有那種確實符合人的需要的科學，那麼這就是我所研究的科學，即能夠恰當地給人指出他在世界上所占的位置的科學，它能夠教我們，要想成為一個人，我們該做些什麼。（《實用人類學》）

　　為此，康德否定了當時還占主導地位的基督教確定人生目的的權威地位，認為此生的意義在於此生自身，而非彼岸的上帝或者天堂。我們知道，公開闡明此點，在當時是要承擔相當的風險的。但是康德仍然義無反顧地將自己的信念公之於世，將自己對人生意義的信念——為人類的福祉和尊嚴而生活，以一種對宗教和彼岸進行限制的鮮明態度公開：

　　關於我自己我不想說什麼，但關於所談到的對象，我則希望人們不要把它看做一種意見，而要看做是一項事業，並相信我在這裡所作的不是為某一宗派或理論奠定基

礎，而是為人類的福祉和尊嚴奠定基礎……最後，希望人們滿懷善良的願望參與此事，並且在自己的腦子裡和想象中，並不是把我們的復興想象成為某種無限的、超過人的能力的東西，其實我們的復興乃是無限謬妄的真正終結和界限。（《純粹理性批判》）

康德一生的精神支柱的立足點就是確定人的能力及其限度，恢復在人類現世人生中尋找生命意義的權利。

## 人為自然立法

　　近代以來，自然科學突飛猛進，極大地改進了人們的日常生活和行為方式。對科學知識的追求成為西方知識分子的普遍追求。對此，康德也不例外。人們知道康德是一個頗有建樹的哲學家，卻很少有人知道康德在科學領域的成就。康德在《自然通史和天體論》中提出的「星雲假說」科學地分析宇宙的形成和運動過程。康德在力學、自然地理學、天文學等方面都有很高的成就。

　　但自然科學的基礎何在？自然科學所發現的自然規律是客體世界自身的規律還是人類的主觀投射等，是幾個世紀以來的學者（哲學家和科學家）聚眾紛紜的話題。（《純粹理性批判》）

　　對此，康德的回答是：

　　人為自然立法。如何立法，則是哲學家的事業。（《純粹理性批判》）

　　康德認為，自然科學如果不獲得來自哲學方面的啟發，就很可能失去其最後的潛力。他說：

　　自然科學通過對現象進行觀察和分析而在向自然界內部深入，可是我們將來在這方面究竟能夠向前推進多遠那都不得而知了。（《純粹理性批判》）

對這一問題的探索，使康德在哲學界發動了一場哥白尼式的革命。

## 人創造自然法則

人為自然立法改變了人祇能被動服從自然規律的狀況，認為自然的法則是由人的主觀認識能力的先驗範疇所構造。這極大地提高了人類在宇宙中的地位。康德說道：

理性並不是根據自然創立自己的（先驗）法則，相反，而是向自然頒布這種法則。（《純粹理性批判》）

人不是被動地服從自然，而是創造性地構造自然的法則，這是人類的尊嚴所在。（《實踐理性批判》）

「哥白尼的大發現（太陽中心說）否定了地球中心論的說法，將人置入茫茫無際又沒有目的的宇宙之中，掀起了自然科學中的『哥白尼革命』。而康德從人的認識能力中尋找客觀規律的依據，而不是從客觀對象身上尋找，則掀起了哲學領域的『哥白尼革命』」。（李澤厚《批判哲學的批判——康德述評》）

康德的這一貢獻已為現代哲學所公認，將人作為自然的立法者極大地提昇了被宗教神學貶低的人的地位，為各種人道主義思想的出現掃清了道路。在研究人類知性能力時，康德進一步指出：

知性是自然的普遍秩序的根源，因為他把一切現象都置於自己的規律下來掌握。（《純粹理性批判》）

## 挑戰常識

什麼是真理，這是一個古老而悠久的問題。真理是主觀的還是客觀的，這是多少世紀以來的哲學主題。不過有一種真理觀與真理問題一樣古老，這就是符合論真理觀：真理是認識與認識對象的符合一致。對於符合論真理觀，康德早就熟稔於心：

什麼是真理呢——這是一個眾所周知的老問題，人們力圖用這個問題來迫使哲學家們陷入困境，使他們或者作可憐的邏輯偽辯，或者承認自己的無知，從而承認邏輯學是徒勞無益的。在這裡，關於真理的唯名定義，即真理是知識與其對象一致，是被預先設定為人所公認的。（《純粹理性批判》）

但是，符合論真理觀有無法克服解決的問題。我們如何判斷知識與對象的符合一致呢？我們判斷知識與對象的前提是我們對知識與對象都瞭然於心。既然我們已對對象瞭然於心，說知識與對象一致就顯得多餘。況且，知識是我們內在的觀念，而對象外在於我們，兩種完全不同的東西如何一致，這是符合論真理觀的致命缺陷：

人們說真理性在於知識與對象相一致。因此，按照這種字面上的解釋，我們的知識為了具有真理的意義，就

必須與對象相一致。然而祇是由於我們認識了對象，我才能夠把對象與我的知識相比較。因此，我的知識必須證明自己，但這樣還遠遠不足以獲得真理性。要知道，由於對象處於我之外，而知識處於我之內，因此，我祇能夠判斷我關於對象的知識是否與對象相一致。（《純粹理性批判》）

正是在這個意義上，康德認為，對習以為常的自明真理的發問，即挑戰常識，是創造力的真正源泉，也是哲學的事業。

## 判斷力的作用

人往往在千頭萬緒的事情中無所措其手足，這時候判斷力就顯得非常重要。缺乏決斷往往是向更糟糕的方向發展的直接原因，有時候會造成無法挽回的損失。因此，判斷力的培養就非常重要。軍事家需要判斷形勢，決策戰略；政治家需要準確分析，判斷準確；平常百姓在擇業、經商等活動中也要做出準確的判斷。（《判斷力批判》）

可以說，判斷力是任何人都需具備的能力。基於判斷力的重要作用，康德寫作了專著《判斷力批判》，顯示出康德對人的判斷力的重視。對於判斷力的性質和特點，康德曾說過一段非常著名的話：

判斷力是我們所謂的機靈的一個特點，缺乏這種能力，就不能用任何學校教育來補救，因為學校甚至可以對有局限性的知性施教（猶如把從別人那裡繼承下來的多麼合適的規則注入這個知性一樣），但是，正確使用這些規則的能力則應當仍然是學生所固有的，如果缺少這種天賦，那麼為此目的而對他規定過的任何規則也不能限制他去運用這些規則⋯⋯缺乏判斷力其實就是人們所說的愚蠢，這種缺陷是無法補救的。（《判斷力批判》）

## 依據義務而行動

　　行為的動機往往是複雜的。我們為什麼做某事而不做另外的事？我們如此行為的依據是什麼？如何判定行為的依據呢？康德為我們提供了諸多選擇：

　　我們的行為是依據權威的命令，是依據個人的需要，是依據理性的決策，還是依據純粹的義務呢？（《實踐理性批判》）

　　根據義務而行動與根據功利考慮有什麼區別？這是康德的道德哲學關注的重心所在。在康德看來，依據義務而行動甚至超越了依據幸福而行動，更合理也更崇高。

　　最純粹的義務概念，比起任何有幸福推論得到的或者摻雜它的動機（那需要高度的算計和思慮），在實踐上更簡單明白、易於理解且自然得多；即使對於常識判斷而言，義務的概念也比由幸福的自利原理所得的所有動機更堅定、深刻而有效果……（《實踐理性批判》）

## 探究人類歷史的目的

如果說在康德那裡，個體生活的目的是為人類而生存，那麼人類歷史的目的何在？

基督教為人類歷史設定了一個由上帝降臨信徒得救而來的末日審判的目的，儒家公羊學設定了一個由大同世界不斷墮落的世界圖景。形形色色的其他學說或文化體系又有不同的說法。康德的疑問是：

人類歷史的真正目的何在？人類歷史發展的動力在何處？這是擺脫了宗教世界觀的人類世界急需確定的新的人類歷史的立足點。（《從世界公民的觀點撰寫通史的想法》）

康德認為這一問題至關重要，他甚至主張，不如此則無法確定人生在世的目的和意義：

試想在無理性的自然界中觀賞且讚嘆造物者的榮光與智能有何意義，倘若那作為涵攝一切其他目的而使至高智能的偉大所演出的人類歷史永遠停留在未完成的規劃階段，那我們不會嫌惡地把頭轉過去，不想再看到它嗎？如果我們最終必須懷疑是否真的有一天可以在其中發現完全的理性意圖，我們不是終究必須放棄這個世界，而祗能轉而把希望放在另一個世界嗎？（《從世界公民的觀點撰寫

通史的想法》）

　　探究人類生存的終極目的，是所有偉大思想家的共同
焦慮。他們探究的結論也許失之荒謬，但他們的非凡勇氣
和開闊眼界永遠值得我們學習。

## 惡可以轉變為歷史的動力

惡能夠成為歷史的動力嗎？

康德認為是可能的。他說：

歷史的惡也可能發揮正面的功效，成為歷史進步的槓杆。（《判斷力批判》）

以戰爭為例，康德說：

在人類文明的現階段，戰爭是促進文明發展必不可少的手段。（《判斷力批判》）

康德還曾講過：

在人的方面，戰爭是無意識的舉動……可是在最高智慧方面，它是一種深深潛藏著的，可能也是深謀遠慮的企圖。（《判斷力批判》）

不過，歷史的惡轉變成動力是有條件的，那就是人們從歷史的惡中意識到個體自由的重要性。在康德看來，正是因為公民的個體自由（公民自由）受到威脅，更大的精神力量才能綻放，而更為強大的精神自由也才成為可能，而自由的精神實際上也符合正義國家的真正利益：

如果任其（公民自由）悉心保護的嫩芽自然綻放，亦即對思想自由的渴望與呼應，那麼它將逐漸地對一個民族的思想方式產生影響（以至於它慢慢學會行為實踐的自

由），最後甚至影響一個政府的根本原則，使它發現有尊嚴地對待人民（畢竟它不是一部機器），是符合它的利益的。（《從世界公民的觀點撰寫通史的想法》）

可以看到，康德對人類歷史的信心來自於他對個體精神自由的信心，是從人類自身尋求獨立的角度來探索人類歷史的目的，因而較其他看法更具有科學性。

*Immanuel*
*Kant*

## 讓想象力飛翔

想象力是人類自由的象徵，它昭示出人類不受既定框架拘束的自由創造的能力。人類歷史的進步往往靠想象力豐富的人來推動。難以計數的發明創造也與想象力有不可分割的聯係。牛頓發現萬有引力定律靠的是想象力，愛因斯坦發現相對論也離不開想象力。康德對想象力的作用也非常重視。

科學發明離不開想象力，文學創作更需要想象力，可以説，想象力是人類創造的源泉，是人類從原始叢林中走出來，走向文明和富裕的未來的有力杠杆。（《純粹理性批判》）

康德自己是一個充滿想象力的人，他哲學上的創建與科學上的成果同樣都離不開想象力。他曾語重心長地告誡一位作者要讓自己的想象力縱情飛翔：

……顧盼之間儘覽眼底的視野，巧譬善喻的敏捷，以及大膽的想象力，再加上以幽思與感覺去捕捉永遠在陰暗遠方的對象的巧思。他對這本書並没抱很高的期望，但他儘力在其中搜尋有意義的論點。（《純粹理性批判》）

想象力是我們心靈中最為寶貴的一盞明燈，他為我們帶來前行的光明，康德還曾説過：

可以説，在我們心靈的地圖上，祇有某些點是被照亮的——這種情況可能引起我們對我們自己的本質的驚奇；如果有某個至高無上的力量説：光明將至！——於是没有我們的絲毫幫助，我們眼前仿佛就展現出了半個世界（例如，我們可以舉作家及其記憶為例）。（《純粹理性批判》）

## 超越外在的局限

人類歷史就是一部不斷超越外在局限，從服從物理世界的必然規律到自由掌握規律的過程。就個人而言，同樣也是一個不斷超越外在世界的局限，達到人與自然、人與他人、人與自身精神和諧相處的境地的過程。

欲透過與物質世界的自然特性的模擬，特別是其結構性，同時避開一切形而上學的研討，來證明人類靈魂的精神性，其朝向完美的執著和精進。為此，作者假定了精神力量，也就是受造世界裡無法以肉眼觀察到的領域，而物質不過是可以超越地外在限制……地球上所有生物都在不同程度上趨近於人類，直到最後，這個完美的有機組織終於讓可以直立的動物（人類）出現，這便是人類存在的條件。他的死不再是以前經由各種生物繁複例證的進步和提昇的結束，而是跨越自然的藩籬，以從事更為精確的工作，以便在將來把他的生命提昇到更高的層次，以至於與無限合一。（《約·戈·赫爾德的《人類歷史哲學的理念》第一部、第二部書評》）

超越外在局限，掌握自身的命運，是人類一代代努力的結果，甚至可以稱之為人類的命運。而康德對此瞭然於心。這或許就是康德的偉大之處吧。

## 寫作的技巧

寫作在今天才成為人能必備的一種能力。在漫長的歷史過程中,寫作的權力往往為一些貴族和權貴所把持。今天,寫作的需要遍布社會的方方面面,如何培養熟練的寫作技巧,成為一個重要問題。

康德是一個多產的學者,具有自己獨特的文字風格。同時,康德擅長各種不同文體的寫作。毫無疑問,康德的寫作經歷會對我們的寫作有所助益。那麼,康德是怎麼論述自己的寫作能力的呢?

他認為首先要有完備的計劃:

經年累月地搜索枯腸,所以寫作的材料不會短缺,以及時間,以至於無法重拾某些終端的工作,因為我手上有一個卷帙浩繁的計劃,希望能在年老體衰之前完成。
(《康德書信百封》)

康德的寫作經驗還有一條,即一定要與讀者產生共鳴和互動。

我都會先徹底思考過我的題材,但在行文時卻經常必須努力克制冗長的習慣,或者我會為許多等候闡述的事物所困擾,所以雖然我已經有完全的掌握,卻因為必須刪除某些看似必要而無法完整表達的部分。我自己雖然已經十

分清楚，卻無法讓別人明白且感到滿意。在這種情況下，一個心思敏銳而心底耿直的朋友可以帶來很大的幫助。有時候我也很好奇讀者們迫切想知道答案的問題是什麼。

（《康德書信百封》）

# 理性之光照耀人類歷史

　　自然的歷史如何開端，人類的歷史如何展開，人類歷史是善還是惡，是一個近乎沒有答案的問題。（《純粹理性界限內的宗教》）

　　對這個近乎無解的問題，康德從人類普遍理性的角度給出了一個他自己的回答。

　　祇有在理性標準的照耀下，善和惡才被劃分出來。沒有理性，沒有自由意志的選擇，就無所謂善或者惡，所以道德的源泉是人的自由理性的覺醒。有選擇才能有承擔，有承擔才會生發出責任。（《道德形而上學基礎》）

　　這是康德倫理學和道德哲學的關鍵。理性之光是人類歷史的希望：

　　在理性被喚醒之前，沒有所謂的誡命和禁忌，因此也沒有所謂的違犯。當理性開始工作以後，雖然它還是如此弱小，卻儘全力與動物性搏鬥，而惡業必然隨後產生……從道德的角度來看，那個第一步是墮落……以自然的角度來看，這個墮落的結果是生命中一連串空前的災厄，即所謂懲罰。因此，「自然史」的開端是善，因為它是神所創造的，「自由史」的開端是惡，因為它是人的造作。（《道德形而上學基礎》）

## 理性是善惡之開端

理性是善惡的開端，理性的缺失是惡的源泉，不斷發揮理性的作用，是人類走向完善的公民世界的條件。但理性的濫用所造成的危害也為康德所注意，他曾專門強調：

他有理由把祖先們的行為視為自己的行為，而且必須對於理性的濫用所造成的惡負起責任。（《純粹理性界限內的宗教》）

不過，在康德看來，更需要防止的是，信仰冒充理性的名義將人類帶進非理性的深淵，所以康德最為反對的是信仰的狂熱。

康德的哲學思想中，一個重要的任務是在理性的範圍內確定信仰的限度，在一段被不斷引用的文字中，康德將這一想法和盤託出：

任何信仰，包括歷史性的信仰，都必須是理性的（因為真理的試金石始終是理性）；理性的信仰除了純粹理性本身的預料以外，沒有任何外來的憑借。（《康德論上帝與宗教》）

生活不能因理性走向僵化，也不能因非理性而走向荒謬，這或許是康德給我們這「終有一死」的人類的告誡吧。

## 男女結合是大自然的完滿安排

為什麼會有男女結合這回事？大自然為何要創造男女的自然差異呢？男女之間在性情、能力、分工方面都大不相同，大自然這樣安排有何意圖呢？康德把男女的結合看做是大自然的造化：

在可以用較小的力氣取得如同用其他方式花更大力氣所取得的同樣效果的一切器械裡，都必定是放進了技藝。僅從這點就可以預先斷定：大自然的遠見也會把比男子更多的技藝放進女人機體中，因為它賦予了男人比女人更大的氣力，以便使兩性在最緊密的肉體協調上，同時又還要作為理性的存在，去共同達到對他們至關緊要的目的，即種的保存。在此之後，大自然才在那種（作為理性動物的）性質裡配置了社會性的意向，使得他們的兩性聯合在家庭的聯係中延續下去。（《實用人類學》）

這種想法或許奇妙，康德認為，男女的結合是大自然最完滿的安排，它讓男女在肉體上相互協調，而且組成社會性的家庭，維持文明社會的延續。

## 革命的限度

革命是什麼，能夠帶來什麼？可以說，革命在我們這個時代走向現代的過程中打上了無法退去的底色。理解革命在很大程度上就是理解我們自己。然而，革命是罪惡的深淵還是光明的源泉？是暴力的濫用還是正義的實現？是人民的福祉還是人民的災禍。革命的得與失是什麼？（《學科之爭》）

兩百多年前的法國大革命拉開了世界革命的序幕，康德對革命的看法很大程度上是針對法國大革命的得與失而有感而發的。康德首先反對的是革命的狂暴以及非理性釋放對人權的普遍侵害：

人民的義務是忍受對最高權力的濫用……在存在著弊端的國家制度中，有事要求實行改變，但是這祇能由當權者自己通過改良進行，而不能由人民通過革命進行。（《學科之爭》）

法國事件的發展，特別是按照國民議會的判決處死國王路易十六，完全出乎康德的意料之外：

在起義時殺死君主，那也祇好由它去。但是，死刑這種形式本身就使人的充滿人權觀念的靈魂發抖。（《學科之爭》）

革命破壞了既有的制度而未創立新的制度，成為人們詬病革命的普遍理由，康德也不例外。

## 發揚革命的精神

康德没有全然否定革命，相反他讓人們服從革命後的新制度。

如果革命獲得了成功並且建立起了新制度，那麼這種創舉的不合法性並不能免除作為一個善良公民要服從事物的新秩序的義務。（《學科之爭》）

革命帶來的超越個體功利的崇高感情，最為康德所推崇。

康德曾對法國政治大變動所體現的革命精神作過如此讚美：

在我們眼前進行著的賦有天才的人民的革命，可能成功，也可能失敗，可能會充滿災難和暴行，以致思想健全的人即使想到它會帶來美滿結局也不會下定決心開始一次代價如此昂貴的試驗——但是，我要說，這個革命在所有目擊者心中都會受到……一種近似於熱情的同情。革命激起的真實的熱情是專門指向理想，特別是指向純道德的（如正義概念），不能與私利同行。金錢報酬便不能夠使革命的反對者們激起那種熱情和那種心靈的偉大。（《學科之爭》）

革命的偉大目的與革命中為正義理想無私奉獻的崇高

精神，是不以革命的成敗來決定的。革命自身就體現出了永恒正義的原則和人類自由的理想：

　　人類歷史上發生的這種現象將永不會被忘記，它表明人性中有一種非政治家根據過去的事件過程所能想到的進步傾向和力量。……即使我們上述事件背後的一項的目標目前沒有達到，即使人民革命或立憲改革最終失敗了，……但我們上述哲學判詞沒有失去力量。（《論目的論原則在哲學中的應用》）

## 永久和平的理想

康德認為，革命的起因是對統治者暴政的反抗，而統治者要避免將其帶入毀滅的革命，必須讓人民享有最基本的權利才能實現，而最為重要的是出版自由權。

國家公民經國王的準許同時應該有權利就國王命令中那些在他看來是對社會不公正的地方公開發表自己的意見……出版自由是對人民權利的唯一保障。（《永久和平論》）

而真正能避免革命的方式，是建立永久和平的法律法規，確立給予普遍人權的社會政治制度。這肯定不是短期內就可以實現的行為。康德說：

當然，永久和平（一切國際法的最終目的）是一個不能實現的思想。但是努力建立國際聯係，以不斷接近永久和平狀態，這樣的政治原則卻是完全可以實現的。（《永久和平論》）

在我們這個戰亂橫飛的時代，永久和平的理想是人類最急迫也最為寶貴的理想。

# 善待反對者

　　每個人都可能會遇到自己的反對者。反對者在我們生命中究竟有何作用？我們以何種態度面對反對者才屬正當？惡意相向是否就是面對反對者的自然態度？這些都是我們生活中無法避免的問題。康德的態度是歡迎反對者，並努力從反對者方面學習經驗。他的一生有數不儘的反對者，特別是哲學觀點與他針鋒相對的對手，在他人生的每個階段都有，在晚年的時候尤其多，但康德都能善意地面對。以尖銳批判康德的邁蒙先生為例：

　　在我的反對者裡面，不僅沒有一個人能像邁蒙先生那樣很好地理解我和我們的主要問題，而且祇有很少的幾個人能像邁蒙先生那樣，對這種深刻的研究具有敏銳的洞察力。這一發現促使我騰出現在有的一點餘暇，用來閱讀他的著作。不過，我祇能通讀前兩章，即使如此，我現在也祇能簡短地說上兩句。（《康德書信百封》）

## 工作是快樂的源泉

工作與快樂一般被看做是相互矛盾的關係。人們普遍認為，工作本身並不快樂，但工作為快樂掙得物資保障，兩者是手段與目的的關係。

康德對這種觀點不以為然，在康德看來，工作是快樂的源泉，這就是說，工作本身就是快樂的行為。為此，康德區分了文化的快樂和衰竭的快樂：

一種快感的方式同時就是文化，而且正是增強體驗更多的快感的能力。對科學和優美藝術的快感就是如此；另一種快感的方式就是衰竭，它使我們越來越沒有能力進一步享受。（《論優美與崇高》）

而工作本身就是快樂的源泉：

一定要愛自己的工作，一定要拒絕享受，這不是為了完全棄絕享受，而是為了儘可能使我們永遠有希望得到享受。（《論優美與崇高》）

對工作是快樂的源泉的觀點的強調，康德似乎意猶未盡，又說道：

工作是使生活得到快樂的最好方法。（《教育學》）

工作為什麼會帶來快樂呢？康德認為，在工作中，人能夠追求更美好的事物，實現自己的人生目標，趨向不斷

完美的境地：

　　大自然使痛苦成為人的活動的刺激因素，這個刺激因素必然推動人去追求更美好的事物。在生活中達到（絕對）滿意──這本身就是一個癥候，它表明一種無所事事的安謐，一切動機都停止了，感覺以及與之相關聯的活動也遲鈍了。但這樣一種狀態就像心臟在動物集體中停止了工作一樣，是與人的精神生活格格不入的。（《判斷力批判》）

## 理性地對待欲望

什麼是欲望？

對此我們或許很難得到滿意的答案。我們能夠知道的是，欲望是個體的一種感性欲求。作為一個理性主義哲學家，康德是如何看待欲望的呢？他是如何處理欲望與理性的關係的呢？

欲望與所欲求的對象不可分離，欲望對象的不同將欲望劃分為不同的類別。康德寫道：

Immanuel
Kant

56

欲求是一個主體通過某種自身力量的未來結果的觀念，而對自身力量的自決。通常的感性欲求叫作意向。欲望不用力量來創造對象，這是由於，希望可以針對著主體感到自己沒有能力得到的對象，而這時它就是一種空幻的希望。能夠把欲望立即變為對所欲望者的追求，這種空幻的希望就是企望。尚未確定對象，而祇是驅使人走出他當前的狀態，而並不知道究竟要走向何方的那種欲求茫然的追求，可以稱作飄忽的希望。用主體的理性很難或完全不能克服的意向就是情欲。相反，在當下直接狀態中的愉快或不愉快的感情，當思考尚未在主體中使之恢復正常以受邀請和情欲的支配，固然總是心靈的病態，但一位兩者都排除了理性的控制，按程度來說兩者都是同樣熾烈的；但

談到它們的性質，則兩者根本上是相互各異的，無論是在預防方法上，還是在精神醫生將會采取的治療方法上，都有所不同。（《判斷力批判》）

康德對欲望進行了非常深入的研究，對我們認識欲望及其性質與功用，有很大的幫助。

## 超越理性的完美

也許，追求完美是人類天性使然。在追求完滿的過程中，人類不斷取得社會、文化、制度安排中的進步，追求完滿成為人類歷史發展的重要動力。但是，我們如何判斷一種德行是完滿的呢？追求完滿的德行是不是人類的又一個陷阱？（《道德形而上學基礎》）

康德認為，我們無法確定這之間的分寸與限度，它超越了人類的理性範圍：

人的內心是深不可測的。誰對自己認識得那麼清楚，可以確定自己感覺到履踐義務的誘因，究竟是來自對法則的想像，或者是夾雜著其他感性的動機……為利益所牽引，因而也可能成為惡的助力……在理念（客觀的）裡，德行祇是一種（作為準則得到的力量），但在事實（主觀）裡，德行卻千千萬萬……我們在自我認識之中，永遠無法真正告訴自己，我們的德行是否完美，是否有缺陷。（《道德形而上學基礎》）

## 德行是人與人之間的行為規範

什麼是德行？能否或怎樣才能追求完滿的德行？

在康德看來，德行是依據普遍原則而行事的行為，它不是基於功利的考慮，也不是基於禍福的預算，而是根據內在自由的原理而行為的行為原則。

德行是人類在履踐義務時的準則力量，而所有的力量都祇能從他所克服的障礙顯示出來；從德行的角度來看，障礙便是自然的癖好……由於為準則帶來障礙的是個人自己，所以德行不祇是一種自制……他也是根據內在自由原理的自制，因而是經由根據義務的形式法則的道德義務觀念。（《實踐理性批判》）

德行是倫理學所要研究的領域。倫理學研究的是「德行的依據是什麼」。在康德的理論中，德行是人與人之間的行為規範，一切來自於其他方面的約束，無論是來自於上帝的約束還是來自於自然世界的約束，都失去了合理性。康德明確地指出：

倫理學是內在立法的純粹實踐的道德哲學，在其中，祇有人與人之間的道德關係是可以理解的。上帝與人的關係如何……對我們是完全無法理解的；這證實了……倫理學不應該超出人與人的義務關係的界限。（《實踐理性批判》）

真正的德行是對他者的尊重與責任，那些假借「崇高理想」來對他人進行要求的人，就難免顯得虛偽了。

## 德行是自由的行善

良好的德行要求誠實無欺，這不僅是因為誠實能夠帶來什麼無可挽回的損失，更是因為誠實無欺是理性原則自身普遍化的要求，祗有普遍化的行為原則才是合理的原則，因而是具有德行的原則。（《道德形而上學基礎》）

康德對此有明確的說明：

在所有的解釋裡始終誠實不欺，是個神聖且無條件的理性誡命，沒有任何妥協的餘地。（《道德形而上學基礎》）

在康德的倫理學論述中，德行是自由行善的行為：

追求德行是人的一種普遍化追求，但履行德行不僅超越自己的本能限制，還要超越外在自然的種種限制。德行是人的內在自由的實現，它是人的一種與生俱來的能力，屬於人能掌握的部分。履行德行是人的尊嚴的一種明證。（《實踐理性批判》）

這一點在下面這段話中表現得非常清楚：

有些事物是我們可以掌握的，有些事物不受我們的支配。我們可以掌握的包括我們的意見、實踐、欲望和厭憎，簡而言之，一切來自於我們的行為。不受我們掌握的有我們的身體、財產、聲望、外在的地位，簡而言之，一

切非來自我們的行為。我們能掌握的，本質上是自由的、沒有阻礙的；不受我們掌握的是弱點，受奴役的、被阻礙的、不屬於我們的。（《實踐理性批判》）

在康德那裡，德行完全超越了外在功利的考慮，成為自由存在著的內在需要。正因為這樣，德行才具有鉅大的感召力，令所有接觸它的人都怦然心動，令不能如此行為者自慚形穢，這就是德行的力量所在。

## 德行的實施需要鉅大犧牲

德行之所以有那樣大的價值，祇是因為它招來那麼大的犧牲，不是因為它帶來任何利益。全部仰慕之心，甚至效法這種人品的企圖，都完全依據在道德原理的純粹性上。而祇有當我們把人們視作幸福成分的一切東西都排除於行為的動機以外的時候，這種純粹性才能被確鑿無疑地呈現出來。由此可見，道德愈呈現在純粹形式下，它在人心上就愈有鼓舞力量。（《實踐理性批判》）

從追求完滿德行的角度，康德認為人類歷史是不斷進步的歷史。德行是人類進步程度的標誌。雖然康德也承認道德進步的理念無法從經驗去證明，他還是認為：

在人類當中，必然曾經出現過可以在其中看出進步的「原因」的經驗。這樣的經驗確實存在。（《一項哲學中的永久和平條約臨近締結的宣告》）

## 德行的象徵

在康德的時代，這種德行的象徵就是法國大革命所發揚的革命精神：

一個有智能的民族的革命正在我們的眼前發生，他可以成功，也可以失敗。它可能充滿悲劇與血腥，以至於正直的人即使相信第二次或許成功，但是因為代價過高而裹足不前；我敢說，這個革命還是在所有的旁觀者（沒有涉入這場遊戲的人）的心裡激起身歷其境的共鳴與震盪，甚至幾近狂熱，因而其表現在外的方式都有相當的危險性。這種感同身受，除了人類共同的道德原因以外，不會有其他原因。（《一項哲學中的永久和平條約臨近締結的宣告》）

康德也並未低估人類追求完滿德行的困難，他認為真正完滿的德行須與全人類世界主義價值的實現息息相關：

它要求人類不是表現為惡，而是表現為一個從惡不斷進步到善，在阻力之下奮力向上的理性生物的類。於是人類的普遍意志是善，但其實現卻困難重重，因為目的的達到不是由「單個人」的自由協調，而祇是通過存在於世界主義結合起來的類的系統之中、並走向這個係統的世界公民的進步組織，才能夠有希望實現。（《永久和平論》）

## 理性地面對死亡

每個人都得面對自己的死亡。

古希臘哲人蘇格拉底臨死前曾平靜從容地對那些判他死刑的人說道：「分手的時候到了，我去死，你們去活，誰的去處好，唯有神知道。」（色諾芬《回憶蘇格拉底》）

耶穌被釘在十字架上悲喊：「我父，我父，你為什麼離棄我？」（《聖經》）

康德是一個具有堅定信仰的基督教徒，但康德的信仰並不盲目，而是一種基於理性的信仰：

如果訴諸任何人的健全理性，我們都無法面對每個人都終將面對的死亡。面對死亡，一切理性的建樹都會在頃刻間化為虛有。一個有限的生者如何面對這一事實，可能是每個人都不能不最終要接受的挑戰。（《康德書信百封》）

康德勇敢地接受了這一挑戰，臨終時他說了一段流傳千古的名言：

先生們，我不怕死，我將會知道怎麼面對死亡。我在上帝的面前向你們保證：如果我在今天晚上感覺到我將離開人世，那我會去拿起我的手，在胸前合掌說：「讚美

主！」然而，如果有個惡魔在我背後耳語說：「你讓人類變得不快樂！」那麼情形便完全不同。（《康德書信百封》）

在此，我們不禁又一次感受到理性主義者康德的人格力量。

## 堅持內在的信念

　　如何面對明顯不合理的法律？遵守法律是公民不可違背的義務，但追問法律本身的合法性也是每個理性公民的權利。面對不符合理性法則的法律，公民應采取何種態度，這是很多思想家都糾纏著的問題。（《康德書信百封》）

　　在十八世紀的歐洲，王權專制還占統治地位，「天賦神權」的專制君主中有不少開明之士，康德時代的腓特烈二世就是一位以理性為標榜的鐵腕專制者。我們知道，康德內心是堅持理性宗教觀念的，但這與時代的總體氛圍非常不合。為此，腓特烈二世對康德頒布了禁止發布宗教言論的禁令。康德該如何面對？是違背國王的禁令，堅持公布自己的宗教信念，還是保持沉默？事實上，康德對於他個人的宗教觀點對普通宗教的衝擊力也保持著警惕，但康德從來也未認同過那些相信權威的宗教觀念。康德對此專門談道：

　　為了避嫌，我保證從宗教（無論是自然宗教或天啟宗教）的課題中撤回，並不作公開講演，也不再寫文章，這是我的誓約。（《康德書信百封》）

　　康德繼續說道：

對自己內在信念的否認或摒棄是醜惡的，……但在當前這種情況下，沉默卻是臣民的義務。一個人所說的必須真實，但他沒有義務必須把全部真實都公開說出來。……我沒有勇氣說出我確信的許多事情，我也絕不說我不相信的任何事情……我知道的不宜說，適宜說的我不知道。（《康德書信百封》）

　　如何在履行公民義務的同時，保持自己與社會一般風俗和法律規範不同的內在信念，康德給了我們很好的啟發。

## 無節制的情欲比激情更可怕

激情是開誠布公，反之，情欲卻是陰毒而隱秘的。……激情猶如酒醉酣然，情欲則可看做是一種癲狂，它執著於一個觀念，使之越來越深地盤踞於心頭。愛一個人也許還能夠同時保持正常的視覺，但迷戀一個人卻不可避免地對所愛之對象視若無覩，儘管通常僅在婚後過了一個星期，這個對象就使他重新恢復了視覺。經常被像一陣譫妄症一樣的激情侵襲的人，哪怕這種激情是良性的，他也類似於一個精神失常的人。不過，由於這很快又使他感到懊悔，所以這祇是一種被稱為不審慎的突然發作。有些人甚至可能希望自己能夠發怒，蘇格拉底就曾懷疑過，發怒是否有時也有好處。但在如此的控制力中懷有激情，以至於可以冷靜地考慮是應當發怒還是不應當發怒，這看來總有某種自相矛盾之處。反之，沒有人希望有情欲。因為，如果能夠自由的話，又有誰願意把自己束縛於鎖鏈之中呢？（《實用人類學》）

比激情更讓康德擔心的是情欲。激情還屬於可控範圍，而情欲在他眼裡則祇有破壞。他認為情欲是完全本能的行為，將人的自由束縛在必然的鎖鏈中，讓人與動物同類——因為在情欲中人自由選擇的理性能力被完全排除。

## 以理性節制激情

如何控制激情以防止其破壞力的大爆發呢？康德認為，祇有以理性的方式節制激情，才能避免激情泛濫的惡果。這樣，康德的理性主義特徵就表現得很明顯了：

不動心的原則，即哲人必須永遠也不激動甚至對他最好的朋友的不幸也無動於衷，這是斯多噶派（古羅馬的一種宣揚保持內心寧靜的哲學流派）極其正確崇高的一個道德原則，因為激情或多或少使人盲目。大自然仍然把這種素質植入我們心中，這是大自然的智慧，要在理性還沒有達到足夠堅強之前，暫時施以約束，即在內心向善的道德衝動之上，再加上活生生的生理刺激衝動，以作為理性之臨時代用品，因為除此而外，激情就其本身而言，任何時候都是不聰明的，它使自己沒有能力去追求自己的目的，因而故意讓激情在心中產生出來乃是不明智的。但理性卻仍然可以在道德——善的觀念中，通過把理性的理念與隸屬於其下的直觀聯結起來，而產生出某種意志的活躍。這樣，理性就可以不作為激情的結果，而作為激情的原因在善的行為中灌注生氣，同時理性卻一直還在施行其約束，而產生出一種向善的熱忱，祇不過這種熱忱終歸祇能屬於欲望能力，而不能算作一種更為強烈的感性的感情，即激情。

（《實用人類學》）

　　或許做到康德所要求的這一點非常之難，但在被狂暴的激情控制時，你仍應儘力設法保持自己內心的一份清明與寧靜。

## 站在鉅人的肩膀上

牛頓說：「我之所以取得今天的成就，是因為我站在鉅人的肩膀之上。」（《數學原理》）

事實上，在各個領域取得成就的人都在很大程度上繼承了前人的成果。如何鑒別前人取得的成就，如何避免重蹈覆轍，成為取得成就的一條捷徑。康德是一個努力向前人學習，也非常善於向前人學習的學者。這一點得到了人們的公認。同時，康德與古代希臘的哲學家也有很深的淵源。他曾說道：

我並不否認，盧克萊修或他的前人伊壁鳩魯和德謨克利特的宇宙構成論與我自己的有許多相似之處。（《純粹理性批判》）

關於德謨克利特的原子學說的基本之點，在我自己的宇宙起源中也能見到。（《純粹理性批判》）

善於學習和總結前人的成就，是康德取得成就的重要原因，也是我們應該向康德學習的一個重要方面。

## 從人類理性原則出發

我們知道，康德是一個理性主義者。康德對自然、倫理、宗教、人類精神的看法都是從人類理性的原則出發的。在理性主義自然觀看來，世界由物質構成，整個世界是一個按規律運動的有序整體。

康德對此堅信不疑：

給我物質，我用它造出一個宇宙！這就是說，給我物質，我將給你們指出，宇宙是怎麼由此形成的。因為如果有了在根本上具有引力的物質，那麼大體上就不難找出形成宇宙體系的原因。（《純粹理性批判》）

世界的有序構成是如何形成的？世界為何不是雜亂無章而是有一個必然的整體秩序呢？康德認為，這說明上帝精神在自然世界中的存在：

人們在這裡不禁要問：為什麼物質恰恰具有這種能達到合理而有秩序的整體的規律？……難道這不是無可否認地證明了它們有一個共同的原始起源，必然有一個至高無上的智慧，按照協調一致的目標來設計萬物的本性嗎？（《康德論上帝與宗教》）

在另一句話中，康德說得更為明確：

正因為大自然在混沌中也祇能有規則、有秩序地進行

活動，所以有一個上帝存在。（《康德論上帝與宗教》）

康德對上帝存在的證明是一種理性的證明，其內在邏輯非常融貫，在此可見一斑。

# 女人是大自然的目的

　　家庭之間的關係按照什麼原則進行？男女的性情又是什麼？這些不同的性情會導致家庭中什麼樣的行為模式和社會風氣？男女之間的這些性情會造成他們之間怎樣的關係樣態？男女在自己人生的不同階段是怎樣表現自己的性情的？（《實用人類學》）

　　諸如此類的問題，古往今來的賢人智者有各自不同的答案。

　　在中國，孔老夫子有言：「唯小人與女子為難養也。」（《論語》）

　　這是在號召一種君子的人格。

　　在西方，尼采曾說：「當你見女人的時候，別忘了要拿上你的鞭子。」（《查拉圖斯特拉如是說》）

　　這是基於一種對女性的崇拜──按尼采的解釋，這句話的意思是：「如果自己的行為不得體，可以立刻讓女性用鞭子鞭笞自己。」（《查拉圖斯特拉如是說》）

　　康德站在一種客觀的立場分析男女各自所具有的性情，因此對當時西歐的各種社會習氣和風潮所表現出的家庭政治狀況分析得入木三分，對我們今天理解男女不同的人性也非常具有啟發性：

婦女要統治，而男人也要被統治，於是就有古代騎士精神的尊重婦女。這種騎士精神本身先就包含著自己是招人的這種信念。年輕人總是擔心自己惹人討厭，所以在女人圈子裡肝膽很是狼狽（困窘），女人聲稱，她用自己所引起的尊重來制止男人的一切糾纏，並且哪怕毫無功績卻要求人家敬重自己，這種驕傲和權力來自女性本身的合法要求。女人是拒絕者，而男人是追求者，女人的屈從是一種恩賜。大自然要讓女人被追求，所以女人（按照口味）作選擇時不必像男人那麼挑剔。而大自然也把男人構造得更為粗獷，祇要在他的形象上表現出保護女人的力量和幹練，他也就足以使女人喜歡了。（《實用人類學》）

　　認為女性是大自然進化的目的，康德應該可以算作女權運動的先驅吧。

## 杜絕兩性間的矯揉造作

除非女人在形象的美醜方面是令人惡心的，而對於戀愛的可能性的選擇又十分挑剔，這時她就祇好表現為追求者，而他卻成了拒絕者了。這甚至會在男人眼裡整體地降低女性的價值。女人必須顯得是冷淡的，相反，男人在戀愛中必須顯得熱情洋溢。一個男人不聽從他所愛者的要求則顯得可恥。女人要使自己的魅力在一切高雅之士身上起作用，這種欲求就是賣弄風情；而裝出愛上了女人的姿態則是尊重婦女的文雅。這兩者其實都是矯揉造作，祇能成為時髦，不能產生任何嚴肅的結果：比如風流韻事祇能是已婚婦人裝腔作勢的自由，或是與此相同的，從前在意大利存在過的高等妓女業。關於這方面，有人說，比起混在個體家庭之中進行社交往來，這似乎包含著更多文明交往的純正教養。男人在婚姻中追求的祇是他的女人，但婦女追求的是一切男人的傾慕，她們打扮自己祇是為了她們嫉妒女人的眼睛，也就是要在魅力和高貴舉止上壓倒別的女人。相反，男人打扮則是為了老婆的眼睛，如果祇是想讓妻子不因他的上衣感到羞恥也能打扮的話。（《實用人類學》）

矯揉造作扭曲了兩性的正常狀態，讓一切虛偽的偽道德、偽尊貴、偽風俗大為流行。康德在這裡並不是以一個衛道士的姿態說這些話，而是以自由個性的張揚的姿態來表達自己的觀點。

# 男女之不同

男人對女人的缺點評價很溫和，而女人對女人缺點的評價卻很嚴厲。至於年輕姑娘，如果要她們選擇由男人的法庭還是女人的法庭來評判她們的過失，她們肯定都會選擇由男子來做她們的法官。在文明的奢華高漲之時，女人處於被迫才表現出品行端正，她們毫不隱諱地希望自己變成最好的男人，這樣她們就可以給自己的意向一個更大更自由的活動餘地；但沒有一個男人會希望變成女人。女人並不過問男人在婚前行為是否檢點，但男人卻無比重視女人婚前的行為是否檢點。已婚女人嘲笑的是小裡小氣，即一般男子的嫉妒，但她們也祇是開開玩笑而已；未婚女子則極其嚴肅地對待這事。至於有學問的女人，她們需要書籍就像需要表一樣。她們戴著表是為了讓人看見她們有一隻表，通常不管這表停了沒有，或是走得準不準時。（《實用人類學》）

康德的這一發現當然不適合所有男女，但確實道出了男女精神深處所關切重心的不同。

## 男女之間的德行差別

　　女人與男人在有德或無德問題上有極大的區別，這既不是根據行為也不是根據動機。女人應當忍耐，而男人則必須容忍。女人是敏感的，男人是體貼的。男人的事是獲取，女人的事是節約。男人在愛的時候是嫉妒的，女人也嫉妒，但是在沒有愛的時候，因為別的女人獲得了多少情人，那麼對於她的崇拜者圈子來說也就損失了多少情人。男人的趣味是為了自己，女人把自己造成一個有趣的對象是為了每個男人。——「世人所說的都是真的，大家所做的都是好的。」此乃女人的一條原則。這條原則是很難在嚴格意義上與「個性」這個詞調和起來的。但也有一些頭腦清醒的女人，她們在其家務範圍內堅持著一種與她們的規定性相適合的光榮的個性。密爾頓的妻子曾勸說他接受克倫威爾死後委任給他的一個拉丁文秘書的職位，而不顧這會讓他把一個他從前譴責為非法的政府解釋成合法的，這與他的原則是多麼矛盾。他則回答他妻子道：「啊，親愛的，你們所有的女人都喜歡趕順潮，至於我，卻必須做正直的男子漢。」蘇格拉底，或許還有約伯（《聖經》中虔信上帝的先知）的妻子正是這樣被他們有頭腦的丈夫逼入困境的。但男人的美德會因自己的個性而得到維護，而女人的

美德也並沒有因為她們被投入這種境況而減損自己個性的價值。（《實用人類學》）

男女間的這些德行差異並沒有高低之分，它們是人類不同生活處境中的需要。關鍵是，在具體情境下的抉擇，這才是決定德行高下的最終標準。

## 快樂與痛苦不依賴於對象

對象可以是令人快適的，但對它的享樂卻可以是令人討厭的，所以有「苦味的高興」這種說法。一個人處於不愉快的幸運狀態之中，如繼承了父輩或某個可敬而慈祥的親屬的遺產，會不可避免地對他們的逝世感到高興，但也不可避免地對這種高興感到內疚。一位助理帶著並非假裝出來的傷心為他所敬愛的前任上司送葬時，其心裡所產生的也正是這種感情。

對象可以是令人不快的，但它引起的痛苦卻可以是讓人喜歡的，所以有「甜蜜的痛苦」這一說法。例如，一位寡婦在成為遺孀的同時變成了富翁，她是不希望人家來安慰的，因為那常常會被看做不合時宜的矯揉造作。

與此相反，一個人在他所埋頭從事的那些事情上為自己爭得榮譽，這樣所獲得的快樂才可能讓人加倍地高興，比如不是單純的感官享受，而是以美的藝術來消遣，與此同時還為自己具有這樣的享樂能力而歡喜。同樣，一個人在這種事情上的痛苦可以使他感到討厭。一個被侮辱者的任何一種仇恨也都是痛苦。但是令一個思想深刻的人不能不自責的是，甚至在得到賠禮之後他仍然一直保持著對家人的餘怨。（《判斷力批判》）

對於快樂與痛苦，我們可以通過我們自身某種更高尚的（即道德上的）歡喜和討厭來判斷，由此決定我們是應當節制它還是放縱它。以上康德的語錄說明，快樂與痛苦不依賴於對象的快適與否，而在於我們是否能夠很好地應對它。

## 不要誇大死者的道德

在這些評論中，對於他人作判斷的人們常顯露了他們自己的性格；有些人在實行他們的裁判任務時，特別是在實行其關於已死之人的裁判任務時，似乎主要傾向於去維護那關於這件事或那件事的善性，以反對一切有害的挑剔，即關於不誠實的有害的挑剔，而最後總歸於去維護此人的全部道德價值，以反對對於「虛偽與秘密的邪惡」的非難；另一些人則正相反，他們把心思更轉向於攻擊此價值，通過責備與挑剔（吹毛求疵）而攻擊此價值。但是，我們不能總是把這種意向，即「全然排除德性於一切人類的範圍之外，以便使德性為一空名」這種意向歸給後一類人；正相反，他們的挑剔時常祗是很有意義的嚴格，即在「依照不可通融的法則，以決定行動真正的道德意義」中很有意義的嚴格。（《實用人類學》）

對死者的悲憫不能作為抬高死者道德價值的最終理由。這意味著，生者不能以自己終將死去而逃避自己應當履行的道德責任。康德對道德責任的關切真可謂「用心良苦」。

## 善良的意志是幸福必不可少的條件

在世界之內，除了善的意志外，沒有什麼可被稱為善而無限制。明智、機敏、判斷，以及心靈的其他才能，不管你如何稱呼，或者膽量、勇敢、堅韌等等氣質上的品質，在許多方面，無疑都是好的，而且是可欲的。（《道德形而上學原理》）

什麼是善良的意志？它是主體的一種心意能力，是主體的主觀動機嗎？它是我們的天賦才能嗎？它是世俗的功利嗎？如果不是，這些主觀動機、天賦才能、功利考慮與善良的意志是什麼關係呢？《論語》有言：「己所不欲，勿施於人。」

這是善良意志嗎？上帝之子耶穌說：「祇有我告訴你們，不要與惡人作對，有人打你的右臉，連左臉也轉過來由他打。」（《聖經》）

這種「愛你的仇敵」的精神品德是善良的意志嗎？

對所謂善良意志，康德有他獨特的看法，他甚至認為，祇有善良意志才是絕對的善。善良意志是人選擇為善的一種能力，是人的尊嚴和人性偉大的象徵，它意味著，人超越了自然本能的拘縛，邁向自我選擇、自我承擔的自由之路：

權力、富有、榮譽，甚至健康，以及一般的福利，與那稱為「幸福」的人自己狀況的舒適滿意，如果沒有善的意志去糾正這些事物在心靈上的影響，去糾正行動的全部原則，而使這些東西的影響以及行動的原則都成為「普遍的和目的的」，那些事物、權力、富有等都可能引發驕傲，並且時常引發專橫武斷。……如果沒有善的意志去糾正它們（權力等）在心靈上以及在善的意志的「行動的諸原則」上的影響力，以便去使權力等的影響力普遍地符合於善的意志的目的，則它們（權力等）都可造成驕傲，甚至妄自尊大。一個人若不曾以純粹而良善的意志的特徵來潤飾自己，卻享受無止境的榮華，這樣一個人的風貌決不能給一個公正而有理性的旁觀者以愉快的感覺。這樣說來，善的意志是構成幸福不可缺少的條件。（《實踐理性批判》）

## 超越感覺主義的善惡觀念

　　並不是善（作為一個對象）的概念決定道德律令，並使之成為可能（就其絕對配稱為善而言）。因為如果是前者，那麼就又必然歸結為經驗的幸福主義，即善惡最終又與快樂、痛苦的感覺經驗聯結起來，把引起愉快的手段稱之為善，把不快和痛苦的原因稱為惡了。（《實踐理性批判》）

　　因承受痛苦並不與惡有關，不管這痛苦是來自於大自然的侵害，還是來自於病痛的折磨。善惡是超越感官的痛楚與快樂的：

　　在劇烈麻風病發作起來時，曾經狂呼說：痛楚，不論你怎麼磨難我，我永遠不會承認你是一種惡。……他說對了。他確實感覺到一種禍患，他的呼叫就吐露了這一層，但是他並沒有任何理由承認他由此就陷入邪惡，因為痛楚絲毫減低不了他的人格價值。（《實踐理性批判》）

　　人格的價值完全超越了自然感覺的拘束，它僅僅與理性人格的抉擇有關，它才是康德所謂的超越了感覺主義的真正的善惡的源泉。

## 理性是人類的尊嚴所在

　　人類，就其屬於感性世界而言，乃是一個有所需求的存在者，而且在這個範圍內，他的理性對於感性世界而言，乃是一個有所需要的存在者，並且在這個範圍內，他的理性對於感性就總有一種不能推卸的使命，那就是要顧慮感性方面的利益，並且為謀今生的幸福和來生的幸福（如果可能的話），而為自己立下一些實踐的準則。但是人類還是徹頭徹尾的一個動物，……祇把理性用作滿足自己（當做感性存在者）需要的一種工具。因為理性對人類的用途如果也與本能對畜類的用途一樣，那麼人類雖然富有理性，那也並不能把他的價值提高在純粹畜類之上。在那種情形下，理性就祇是自然用以裝備人類的一種特殊方式，是他達成畜類依其天性要達成的那個目的，而並不會使他能實現一種較高的目的。自然、人類在一度賦有這種才能以後，他就需要理性，以便時時考慮他的禍福，但是除了這個用途以外，他所具有的理性還有一個較高用途，那就是，它不但要考慮本身為善或為惡的東西（祇有不受任何感性利益所影響的純粹理性才能判斷這一層），而且還要把這種善惡評價從禍福考慮中完全分離開，而把前者作為後者的最高條件。（《實踐理性批判》）

康德並不認為善惡與感覺完全對立。恰恰相反，他認為考慮利害、趨利避害是人類的自然天性。儘管善惡觀念是人的人格價值，是人的理性力量的表現，但人類畢竟是感性的動物，誰也不能說感性需求有什麼錯。但感性需求並不是人的尊嚴所在，而是人受動物性拘縛的表現。

## 品行高貴才能贏得內心的敬重

一個人也能夠成為我所鍾愛、恐懼、驚羨甚至驚異的對象。但是，他並不因此就成了我敬重的對象。他的詼諧有趣，他的勇敢絕倫，他的膂力過人，他的位重權高，都能拿這一類情操關注在我心中，不過我的內心對他總不起敬重之感。方泰奈爾（法國哲學家，又翻譯為蒙田）說：「在貴人面前，我的身子雖然鞠躬，但我的內心卻不鞠躬。」我可以還補充一句說：如果我親眼見到一個寒微平民品節端正，自愧不如，那麼，我的內心也要向他致敬，不論我願意與否，也不論我怎樣趾高氣揚，使他不敢忽視我的高位。這是為什麼呢？正是因為他的榜樣在我面前呈露出一條可以挫阻我的自負的律令（如果我把自己的行為與這個律令作一比較）。（《實踐理性批判》）

由此，康德認為，一個人取得別人的敬重並不在於他的財富、地位和能力，而是來自於這個人的品德、道德操守和人格力量。是道德力量而不是其他外在強勢地位才能取得人們發自內心的自由認同。

## 道德律令的作用

　　……你絲毫不取媚人，絲毫不奉承人，而祇是要求人的服從，可是你並不拿使人望而生厭、望而生畏的東西來威脅人。……你祇是提出一條律令，那條律令就自然進入人心……一切好惡不論如何暗中抵制，也都得默然無語！呵！你的尊貴來源是在哪裡呢？……這個根源祇能是使人類超越自己（作為感性世界的一部分）的那種東西，……這種東西不是別的，就是人格，也就是擺脫了全部自然機械作用的自由和獨立……（《實踐理性批判》）

　　道德律令在人心中總是不期然而至。即使在外在功利束縛了人心的狀況下，道德律令的呼聲並不十分明顯，「但是在內心仍然無法不感覺到它」。

　　這是因為，這種敬畏尊重的道德感情正是來自道德律令、絕對服從和義務的無比崇高。康德進而讚嘆人的道德「義務」，也是對人的真正自由的讚嘆。

## 人類理性指向幸福

什麼是理性？或者，理性如何體現？這是每個人內心中都會昇起的疑問。康德並沒有抽象地解答什麼是理性的問題，而是分析了理性在不同領域中不同的運用。不同的運用體現出理性的不同能力：

我的理性——包括思辨理性與實踐理性——所關心的，可概括在下述三個問題中：1.我能認識什麼？2.我應該做什麼？3.我可期望什麼？（《純粹理性批判》）

康德認為：

第一種能力是純理論的，解決對外在自然世界的認識問題。第二種能力是純實踐的，解決社會世界的道德規範問題。第三種能力是實踐的又是理論的，解決人類生存的目的問題。第一個是認識論問題，第二個是倫理學問題，第三個是宗教所要解決的問題。（《純粹理性批判》）

通過對理性運用領域的劃分，康德對人類社會的方方面面進行了研究，這也分別是康德的三部主要著作《純粹理性批判》、《實踐理性批判》、《判斷力批判》中的核心問題。不過，康德承認，對人類理性來說：

所有期望都指向人類的幸福。（《純粹理性批判》）

## 理性的局限性與上帝的存在

人類理性也有它不可避免的局限，甚至可以說，對一般民眾而言，更切身的是個人幸福，而不是道德原則，儘管道德原則更能體現人類的尊嚴。康德說：

人類知性永遠探索不出它們的可能性，但是任何詭辯也不會強使甚至極平凡的人確信它們不是真正的概念。（《實踐理性批判》）

我們不能洞察構成自然眾多特殊規律的最終內在依據。……我們絕對不能擴展我們認識於解釋自然可能性的內在的和完全充分的原理，這種原理是在超感性中的。（《實踐理性批判》）

我們不瞭解目的性……，除非我們把它們和世界看做是一個靈知原因，即上帝產物。（《實踐理性批判》）

正因理性無力，所以人類需要仰靠一個上帝，來為人類的生存安頓一個終極目的，為人類的道德確定基礎：

這樣，道德不可避免地走向宗教，通由它擴展自己為一個在人類之外都有力量的道德立法者的理念，因為它的意志便是最終目的，這同時應當是人的最終目的。

……道德學原理並不拿關於神和神意的知識作為這些律令的基礎。（《道德形而上學基礎》）

## 幸福需要宗教與道德相結合

祇有加上宗教之後，我們才能希望有一天依照自己努力修德的程度來分享幸福。（《實踐理性批判》）

在西方社會，人們普遍認為道德追求人際間的普遍原則，祇有宗教才能解決個人安身立命的終極問題，祇有解決了個人安身立命的問題，個人才能獲得幸福。這是如何達到的呢？道德追求的是普遍原則，而幸福是個體的，幸福與每一個人的生活息息相關。

康德認為，上帝並不是一個外在於人並超越於人的人格存在，而是人類理性的一種構想。康德在其晚年曾多次強調：

道德……既不需要高於人的另外的存在者以承認人的義務，也不需要離開道德律令的另外的動機來履行他的義務……並非說有一個在人之外的最高存在者真正存在著，因為這個理念並不是理論所能提供的，而祇是實踐原理主觀地提供的。上帝並非在我之外存在，而祇是在我之內的一種思想。上帝是自我立法的道德實踐理性。（《遺著》）

# 信仰不能走向迷信

西方社會普遍認為，理性在每個人必然死亡這一事實面前的無力，祇有通過宗教才能解決。宗教不是人類行為原則的來源，但宗教是解救個體靈魂的唯一出路：

復活與禁欲……不能用於純理性的宗教……它們非常適合人的感性表象方式……身體依然死去，……人作為精神而受福，這種假設更和理性相一致。（《理性限度內的宗教》）

基於此，康德認為：

人性惡的根源最不適當的是把它歸之於父母傳給我們。因為不是我們自己所作，不應歸於我們，我們不能對之負責。（《理性限度內的宗教》）

道德與宗教是互補的關係，而不是相互排斥的關係，康德明確反對兩者的不合理關係。信仰不能走向迷信：

置信仰於道德之上，可稱為迷信而非宗教；置道德高於信仰，便可拒絕天啓……如果德行屈從於上帝的崇拜，上帝便成了一個偶像，宗教變成了盲目崇拜。（《理性限度內的宗教》）

## 公民權利的內涵

公民權利有哪些內涵，不同的社會文化背景的人的回答可能完全不同，甚至恰恰相反。康德從公民平等的角度給出了自己的答案。他認為公民權利建立在三個原則上：

公民狀態，純粹作為立法狀態看，先驗地建築在三個原則上：1.社會中每個成員作為人，都是自由的；2.社會中的每個成員，作為臣民，同任何其他成員都是平等的；3.共和政體的每個成員作為公民，都是獨立的。（《論俗諺：這在理論上可能是正確的，但不適用於實踐》）

在呼喚公民權的呼聲日益高漲的時刻，康德對公民權的界定對我們具有重要的啟發意義。建立在公民授權基礎上的立法權是每一個公民行事的原則，它決定了公民的基本權利和義務。因此康德反對一切對立法權的反抗，因為這同樣也是反對公民基本權利。對此康德說得很直白：

一切反抗最高立法權，一切訴諸暴力的反叛，在共和政體中是最大和最需懲罰的罪行，因為它破壞了它的基礎。這種禁止是絕對的。（《論俗諺：這在理論上可能是正確的，但不適用於實踐》）

## 人的個體性和社會性

......人有一種社會化的傾向，因為在這種狀態中他感到自己不僅僅是人，還比發展他自然才能要更多一點什麼。但是，他又有一種個體化自身的強烈傾向，因為他同時有要求事物按自己的心願擺布的非社會的本性，於是這在所有方面都發現對抗。......正是這種對抗喚醒他的全部能力，驅使他去克服他的懶惰，使他通過渴望榮譽、權利和財富，去追求地位......從野蠻到文明的第一步就這樣開始了。......沒有這種產生對抗的不可愛的非社會性的本性——人在其自私要求中便可發現這一特徵——所有才能均將在一種和諧、安逸、滿足和彼此友愛的阿迦底亞的牧歌式生活中，一開始就被埋沒掉。人們如果像他們所畜牧的羊群那樣脾氣好，就不能達到比他們的畜類更高價值的存在......這種無情的名利爭逐，這種渴望占有和權力的貪婪欲望，沒有它們，人類的一切才能將永遠得不到發展。人希望諧和，自然之道什麼對種族更有利，它發展不諧和。（《實踐理性批判》）

真正的公民權利是個人權利與普遍道德原則的合一，其最終目標是公民社會的建立，而這也是作為個體的人融入社會的同時實現自身價值的過程。

## 人類歷史在理性的照耀下不斷進步

人類歷史將如何演進，康德給出了自己的答案：

人類的天職在整體上就是永不中止的進步……對人類族類來說，其歷史是由壞到好的前進……是一條儘管有各式各樣的不信任者，但在最嚴謹的理論上仍然可以成立的命題：即人類一直並將繼續朝著改善前進。（《學科之爭》）

完全的公民權利的實現，是人類的最終目的，是理性不斷取得勝利的過程。康德認為，這也是大自然的內在規定：

整體的人類種族的歷史可以看做是實現自然的一個隱蔽的計劃，即帶來一個完滿立憲政治制度以作為人類全面發展其自然才能的唯一可能的狀態，也進到國家之間的外在關係完全適合於此目標。（《從世界公民角度看的普遍歷史理念》）

……建立一個普遍和持久的和平，不止是純粹理性範圍內的法權理論的一部分，而且是理性的整個最高目標。（《從世界公民角度看的普遍歷史理念》）

康德對人類歷史的樂觀主義精神具有很大的感染力。

## 諸善的前提

善良意志決定了人類的諸多被稱為美德的性格、習慣、原則的最終善惡歸屬：

甚至還有一些特性，它們可服務於善的意志本身，而且可促進其活動，但它們卻沒有內在的、無條件的價值，它們總是要預設善的意志，這善的意志限制著我們對它們正當地尊崇，也不容許我們去認它們為絕對的善。例如在性情及情緒方面的溫和、自我節制以及安靜的思考，這些不但在許多方面都是好的，而且可構成人類的內在價值；然而它們卻遠不足以無限制地被稱為善，縱使它們曾無條件地被古人讚美。因為若沒有善的意志原則，它們也可以變為極端的壞。一個惡徒的冷靜沉著，在我們眼中，不僅使他比無此冷靜更為危險，而且也直接使他比無此冷靜更為可憎。（《永久和平論》）

善良意志是人的諸多優秀品德的前提條件，祇有具備善良意志，其他為善的優良品德才成為可能。

不具備善良意志的人，就不會選擇，因而也不會承擔責任，就無所謂善惡。而很多被稱為善的特質和性情，祇有具備善良意志，才能被稱為是美好的，否則，甚至可能是善的反面——惡。

## 處境惡劣不妨礙為善

善良意志本身就是善的，行為的效果並不影響善良意志的施行，目的良好也不能保證意志的善良。

善的意志，並不是因為它所做成的而為善，也不是由於它適宜於達到某種擬定的目的，而是因決意之故而為善。那就是說，它自身就是善的，而且以自身而論，它是被估價為最重要者，甚至比一切偏好的總集中所能做到的要高很多。縱使有諸種惡劣的情形發生——也許由於幸運特別不眷顧，也許由於繼母般的虐待惡遇，這意志完全無力去完成其目的，即使儘其最大的努力，它也毫無所成，這時祇剩下一個善的意志（這善的意志並非祇是願望，但卻是能聚集力量中的一切意志）。縱然如此，它也好似珠寶一樣，仍以自己之光而照耀，好似其自身就有全部價值。它是否有用，既不能對這價值增加什麼，也不能從這價值中減損什麼，就好像祇是一種鑲嵌物，它足以使我們在商業中更便利地去銷售它，或吸引那些不是精於此道的外行人對它的注意，但卻不把它推薦與內行人，也不去決定它的價值。（《實踐理性批判》）

人的善良意志超越一切外在限制，即使外在處境的惡劣也並不能妨害為善。因為善良意志祇是決意為善。

Immmanuel
Kant

100

## 善良意志是人生最高貴的目的

　　善良意志是一切優秀的品德為善的前提，也是人之為人的最高目的。善良意志於任何利益和功利效果無關，但這並不影響善良意志作為人生所有目的中最高貴的目的，它超越了生活中的享受與幸福：

　　事實上，一個有教養的理性越是致力於生活的享受與幸福，這人就越不能有真正的滿足。在這種事實裡，在許多人身上（如果這許多人坦承這事實），發生某種程度的理論厭惡，即痛恨理性，特別在那些對使用理性最有經驗的人身上是這樣，因為這些人甚至從科學引出的一切利益之後，事實上祇負荷了更多的苦惱在他們的肩上，而並不是對幸福有所獲得。所以，他們就終於嫉妒（而不是輕視）一般人的較通常的行徑，這一般人是聽任本能的指導，而且不讓理性影響他們的行為的。可是我們也必須承認這一點，即那些想把理性所給予我們的利益讚頌極力降低，甚至把這降至為零的人們判斷的善不高興或不感恩，卻是在判斷的深處藏有這樣的觀念，即我們的生存有不同的目的，理性正是指向這目的，而不是指向那幸福，因此，這較高貴的目的必須被認為是最高的條件，而人們的目的必須移後。（《永久和平論》）

而且，善良意志也是自然的目的，它不允許任何虛假的善良：

　　自然必自戒慎，不讓理性橫加干預實踐的運作，也不讓理性有無根的臆想，以其虛弱的洞見擅自去為自己想出幸福的方案，並想出達到幸福的手段。自然不祇理會目的的選擇，也要理會手段的選擇，而且以明智的先見將目的與手段都委託於本能。（《實踐理性批判》）

　　由於善的意志同時是主體內心深處最隱秘的渴望，因此，違背善良意志而行為的人，儘管可能逃避了社會法規的懲罰，它也無法逃避自己內心善良意志的譴責，這是一種良知的召喚。

## 善良意志是良心的呼喚

孟子説：「誠者，天之道，誠之者，人之道……不誠無物。」

「誠」也就是人的善良意志，是人天生與俱的自然賦予。它是人內心中良心的呼喚：

因此，我們要把意志的概念發展成為這樣一種意志：它是單為自己值得高度地被崇敬，而且其為善並不因估計任何別的東西而為善，這樣一種意志的概念，早已存在於健全的自然理解之中，它祇需要弄清楚，而不需要被教成，而且它在估量我們的行動的價值中，總是居首要地位，而且是構成一切其他價值的條件。要想做到這一點，我們將運用義務的概念，這個概念包含著善的意志的概念，雖然它也蘊涵著一些主觀的限制和阻礙，但是這些決不足以蒙蔽這善的意志，或使它成為不可認知的。通過對照，反而能把它表露出來，並且使它更光亮地發光。
（《實踐理性批判》）

由於善的意志同時是主體內心深處最隱秘的渴望，因此，違背善良意志而行為的人，儘管可能逃避了社會法規的懲罰，它也無法逃避自己內心善良意志的譴責，這是人內心良知的召喚。

## 道德教育的必要性

　　要想把一些無教養低劣的心靈引入「道德的善」的軌道中，某種預備的指引是必要的，或以展望於自己的利益而吸引他，或以利益喪失的恐懼而警誡他，這層意思實不能被否決。但是當這種機械工作，這種引導線索，已產生某種效果時，我們即必須把純粹的道德動力引至於心靈之前。此純粹的道德動力，不祇是因為它是唯一的能為一種品格的基礎者，也因為它教導一個人能去感到自己的尊嚴，因此它能把一種料不到的力量，甚至自己也料不到的力量，給予心靈，給予他以便去把一個人自己與一切感觸的附著物拉開，並為一個人所供給的犧牲找到豐富的補償，即在此人本性的獨立性中，以及在其見到、其分到的靈魂之偉大中找到豐富的補償。（《論教育》）

　　道德教育對於人類是必不可少的，每個文化都不缺少道德教育的各種範本和方式。佛教提倡苦修和節制，基督教修道士以隱修的方式直面上帝，儒家提倡修身、齊家、治國、平天下來代替道德，老莊道家則以「心齋」、「坐忘」等不動心的方式獲得心靈的寧靜。康德的道德教育思想並沒有盲目接受那些既成文化傳統的道德培養方式，而是將道德培養的方式植根於本性的深處。

*Immanuel Kant*

204

## 純粹的道德是心靈的法則

　　因此，通過這樣的觀察，我們將表示說：心靈這種特性，這接受純粹的道德與興趣的接受性，這純粹德性概念的動力，便是最有力的動力，而當論及對於道德格言的連續而嚴格地遵守時，它是善行之唯一動力。但是，以下一點必須記住，即如果這些觀察祇證明這樣一種情感的真實性，卻並不表明通過此情感而產生任何道德的改進，即使在這樣的時候，這也並無論據足以反對通過純粹、義務概念的力量以使純粹理性的客觀實踐的法則成為也是主觀地實踐這唯一的方法確實存在；它也不能證明這方法是無效的虛妄。由於此方法從未成為流行的時尚，因此關於此方法的結果，經驗是並不能說什麼的。（《實踐理性批判》）

　　在康德那裡，道德的本性乃是人的本性，它與利益的吸引、權威的教條都不相同，道德的提昇體現出了人的價值與尊嚴，它激起人內心的崇高與偉大的感覺。

## 否定道德的後果

　　否定道德純粹性的人，認為一切道德僅僅是虛妄的人，是無法領受道德的力量的。他們還會阻礙和嘲笑達成道德的行為。

　　當某處發生關於正直的推定時，他們急於排除那污點，即使是最小的污點他們也急於排除，怕所有事情包括其真誠性都必須被爭辯，又如果一切人類德性、純淨性都真被否認，則人類的德性終於可被視為是純然的妄想，因而去達成德性的一切努力，也必被輕視為突然的做作（矯飾）與虛妄的自大。（《學科之爭》）

　　因此，徹底否定了人際間的道德，人類就無法組成一個有秩序的共同體，人類的共同發展也就成為不可能了。

# 寓教於樂

為何需要寓教於樂？康德的回答也許有所幫助：

雖然這種練習可以祇當做一種遊戲，即「兒童於其中可以互相競爭」的遊戲，然而它將對於尊敬這一面而厭惡另一面（給青年）留下持久的印象；而這樣，通過「注視行動值得讚許抑或值得責備」這種注視之純然的習慣，必可為（青年）將來的生活行程中的正直打下基礎。不過，我希望教育青年者割愛那些所謂高貴的（有非凡功績的）行動的範例，而把一切事讓它們祇涉及「一個人在其自己眼中所能給予，而且必須給予他自己」的那價值，即通過「不要違犯義務」的意識所能給予而且必須給予他自己的那價值。因為凡是單調而空洞的願望，並渴望一不可企及的圓滿者都必祇產生傳奇的英雄，而這些英雄，當他們依其「超越的偉大」之感而自誇自負時，他們轉而便解除了對於普通而日常的義務的遵守，這些日常義務對於他們，似乎是瑣碎而無意義的。（《實踐理性批判》）

要培養青年崇高而高貴的行為，祇有得體的行為規範才能讓青年正直無私，並讓其具有對道德的神聖感。最好的道德教育不是嚴厲的訓呵，而是用遊戲的方式讓兒童懂得規範的神聖性，這才是真正的「寓教於樂」。

## 道德問題不祇是哲學家的事

　　道德是什麼？是哲學家們去回答的問題，但履行道德卻是每一個理性個體的義務。有道德的人需要抵抗各種外在權勢的威脅，需要堅信自己的道德信念。而當他如此行為，就能以其人格的力量，對他人產生強烈的感染和持久的召喚，這種感染和召喚超越了所有物質利益的誘惑。（《實踐理性批判》）

　　道德關切每一個人的生活，它不僅是哲學家或少數人的事情，它與共同體中的每一個人都有關。在很大程度上，道德不是一種知識，而是共同體的習俗和常識。

　　如果問：什麼東西真正是純粹的道德，以此純粹的道德作為試金石，我們必可檢測每一行動道德的意義，假定如此問時，則我必須承認：祇有哲學家才能是此問題的裁決，這是非常可疑的，因為就常識而言，很多道德問題早已通過習慣的使用而被裁決，就像左右手間的區別那樣清楚……（《實踐理性批判》）

## 德行的榜樣作用

　　如果有一正直的人，人們想說服他去向一個無罪而又無權力的人施以誣告，人們以諸多利益，如高貴的禮物，高級的職位，供給那個正直的人，但是這正直的人拒絕了這一切利誘。這一點將祇在聽者的心靈中引起讚許或喝彩。但是現在，他開始受威脅。在這些誹謗者之間，有些是此正直人最好的朋友，這些最好的朋友現在要他的繼承權（因此他將無財產）；有些是有權勢的人，這些有權勢的人迫害他與折磨他；有一個王子以自由的喪失甚至生命的喪失來威脅他。那麼，為使痛苦達到極致，以便他可以感覺到這樣的痛苦，即「祇有道德的善的心靈才能十分深切地感覺到」的痛苦，讓我們設想他的家族以極端的窮困與貧乏來威脅他，懇求他讓步或投降；設想他自己，雖然是正直的人，然而其情感並非是剛性的或無感（麻木）的，即對他人的同情或對自己的災難，並非是剛性的或無感的；設想他，在當他想他決不願活著去看到「把他暴露於這樣不可言喻的痛苦中」的那一天，正在他這樣想的一剎那中，他猶存有忠誠於「作為目的的正直」，沒有動搖，甚至也無任何猶豫和疑慮；那麼，在他的年少的聽者就漸漸從祇是讚許上昇到仰慕，從仰慕上昇到驚異，而最

後在內心中又上昇到最大的尊敬，最終這一榜樣的作用還會上昇到這樣的願望，即他自己也能成為這樣的一個人的願望。正是在這裡，德性具有如此高的價值，但這並不因為它帶來什麼利益。（《教育學》）

偉大德行的榜樣作用具有讓人如沐春風的淨化作用，它具有一種讓人主動認同的號召力量，這就是為什麼每個時代流傳最久的永遠不會是那些所謂的成功者的故事，而是偉大德行的踐行者的故事。

## 道德是心靈的自由

　　道德是純粹的，它甚至反對基於幸福的理由來違背它。維護道德的純粹性就是維護道德的尊嚴和權威：

　　一切讚美（仰慕），甚至一切努力去求類似於這種品性，都完全基於道德原則的純淨，此道德原則之純粹性，祇能通過「從行動的動機中，把人們視作幸福的東西都除去」而顯著地被展示出。那麼，道德性若更為純淨地被展示，它即必有更多的力量以駕馭人心。由此可以說：如果道德的法則以及神聖性與德性的形象，要想畢竟能表現任何影響力於我們的靈魂上，則它們之能如此，是祇當它們以其純粹性作為動力，即不夾雜以「任何意在於功利」的動力，而被安置於心靈上，因為那正是在忍受痛苦中，它們才最高貴地表現了其自身……我們可進一步肯定：甚至在那種被仰慕的行動中，如果此行動的動機高度尊重於義務，則正是這尊敬法則才對於旁觀者的心靈有最大影響。我們可以說：義務，並不是功績，它必須不祇對於心靈有最確定的影響，而且當它依其不可侵犯性的真相而被表現時，也對心靈有最深入的影響。」（《實踐理性批判》）

　　任何夾雜著外在考慮的行為都與道德無關。真正的道德是心靈的自由行動，是內心遵循的義務。

## 道德教育不能僅依賴情感

如何符合道德的要求，人們有諸多誤區。在康德的時代，將道德依託於情感（不管真誠與否）是一種很普遍的做法：

當人們希望以柔性的、和善的情感，或昂揚的、誇張的虛偽來獲得心靈上更多的結果，即比通過平易而真摯的義務在心靈上產生更多的結果，當人們如此希望時，則在我們的時代把注意指向於這種方法，是比任何時代更為必要的。（《教育學》）

這在康德看來是一種具有迷惑性的誤區，情感的多變性損害了道德原則的普遍性要求，它不能帶來心靈的自由認同：

去把那種叫做高貴的、豪爽的、有功績的行動，當做一種模型置於兒童之前，且連同迷惑他們的觀念，即通過「注入熱情以熱衷於這樣的行動」來迷惑他們，這種辦法足以挫折了我們的目的。由於他們在遵守日常的義務中，甚至在對此日常義務正確的估計中，仍然還是如此落後而遲鈍，因此這種辦法簡單地說來，祇是使他們即可成為幻想的荒唐人。但是，即使就那已受教導而且有經驗的一部分人而言，這種設想的動機，如果它不是有害的，它至少

在心靈上也無真正的道德結果可產生。（《教育學》）

　　因此，道德教育不能以轉瞬即變的情感為依託。

*Immanuel*
*Kant*

223

## 道德與外在功績無關

　　道德建立在原則的基礎上，而激情則與外在的刺激有關。道德原則是永恒的，而激情則終歸寂滅，很明顯，真正的道德與激情沒有任何關係。（《實踐理性批判》）

　　同樣，道德與功績也不同，功績是行為的後果，道德則是行為必須遵循的原則。為外在事功而行為，哪怕是為家庭、為國家失去生命，這是為外在目的而行為，與純粹根據道德義務而行為仍然不同。他們之間的區分非常關鍵，為此康德舉了一個通俗的例子：

　　現在讓我們在一個例子，看看一個高貴而慷慨行動的想法，是否比「這行動祇在關聯於莊嚴道德性的法則中，被思議為義務」有更多主觀性。這樣一種行動，即「一個人想冒自己生命的危險，從一失事的船中營救他人，而最終在此企圖中喪失生命」。這種行動，一方面可算是一種義務，另一方面它被算作一種有功績的行動，但是，在後一種情形中，我們之所以尊敬此行動，是為此人的「對其自己的義務」的概念所減弱，其「對其自己的義務」的概念在上一種情形中似乎或多或少被侵害了。為一個人或國家的安全而慷慨犧牲生命，這是更為果決的，但是，「自動地沒有被指使地去儘力或獻身於此目的，這是否是完全

的義務，而這行動自身是否沒有充分的模型力量，以及去做此模型的衝動」，關於這些，還有疑慮。但是，如果所論的是不可免除的義務問題，違反此義務其自身即褻瀆了道德法則而無須顧及人類的福利，而且也踐踏了道德法則的神聖性。如果是如此，則即把我們的最圓滿的尊敬給予「此義務的追求或履行」，即在「犧牲一切那些在最親愛的愛好上有任何價值的東西」中「義務地追求或履行」，而且我們見到我們的靈魂是通過這樣的範例而被加強和提昇的。我們通過默想此範例而使我們自己確信：人性是能夠有這樣偉大的一種提昇，提昇於「大自然所能以之反抗此範例」的每一動力之上。（《實踐理性批判》）

## 理性創造人類的尊嚴

人類的價值何在？康德說，人祇有成其為人才能實現其價值。如何才能體現人類價值呢？這需要從人類理性的角度來說明。而且，在康德看來，祇有理性才能真正體現人類的價值，因為它立足於人完全的自由本性。在康德那裡，人的道德理性高於認識理性，認識理性也非常偉大，但它關心的是外在自然界，而不是人的內在自然。在康德心中，是盧梭首先發現了人類內在自然：

盧梭是另一個牛頓。牛頓完成了外界自然的科學，盧梭完成了人的內在宇宙的科學，正如牛頓揭示了外在世界的秩序與規律一樣，盧梭則發現了人的內在本性。必須恢復人形的真實觀念。哲學不是別的，祇是關於人的實踐知識。（《道德形而上學原理》）

正是盧梭糾正了早年康德的貴族傾向，開始向平民的內心情感敞開，並多年對一般人際原則和道德倫理進行研究：

我渴望知識，不斷地要前進，有所發明才快樂。曾經有一個時期，我相信知識使人的生命有其尊嚴。我輕視無知的大眾。盧梭糾正了我。我意想的優越消失了，我學會了尊重人，認為自己遠不如尋常勞動者有用，除非我相信

我的哲學能替一切人恢復其為人的共有的權利。（《實踐理性批判》）

　　事實上，康德的這種來自於盧梭的思想在西方源遠流長，這是一種重德輕知的傳統，來自於基督教文化傳統，它與來自於希臘的重知識的傳統不同：

　　因為道德哲學具有高於理性所有一切其他職位的優越性，古人所謂哲學家一向是指道德家而言。即在今日，我們也在此意義上稱呼在理性指導下表現出自我克制的人為哲學家，並不管他的知識如何有限。（《實踐理性批判》）

## 加深對道德原則的認識

篤行道德原則是理性的基本要求。如何形成對道德法則的神聖感，如何將道德原則內化成日常行為的基本原則，是一個漫長的過程。康德充分估計到了培養道德情感的困難性。這首先要求必須加深對道德法則的認識，理解了道德的偉大性才能增加人們對道德的興趣。康德說：

我們祇關心於去使「依道德法則而判斷行動」成為自然的事情，並且去使此判斷好像是要成為一種習慣，並且為使此判斷力銳利，我們首先問：此行動是否客觀地符合於道德法則，如果符合，則符合什麼法則；因此一問，我們把那祇供給「被要求之原則」的法則，與那「按規範所要求之原則」的法則區分開；舉例來說，那關於「人們的需要所要求於我者」的法則，是與那關於「他們的權利所要求者」的法則相對，後者的法則規定本質的義務，而前者的法則祇規定非本質的義務。（《實踐理性批判》）

真正的道德行為是依照道德原則而行動，而非按照他人的需求和要求而行動，這體現了道德的獨立性和約束性。

## 良心是道德責任的最好守護者

逃避責任也許是人們的本能。依據道德律令，在造成過失之後，承擔責任是人們的義務。但在現實中，並不是任何時候都有人知道我犯的過失，除了我自己。康德以為，這並不是人們不承擔責任的理由，而是因為承擔責任即便是對個人來說也是有利的，因為它使我免遭內心良知的折磨：

假設有一案件，在此案件上，祇有我知道錯誤是在我這方面，而且在此案件上，雖然坦白承認此錯誤以及以奉獻去賠償是十分強烈地相反於虛榮即自私，甚至相反於一種反感，即對於「我所損害其權利的人」的反感。雖然如此，然而我仍能去放棄這些考慮；在這種放棄中，即含有一種「獨立而不依於愛好與環境」這種獨立的意識，以及「自足於我自己」這種自足可能的意識，此種意識一般地說來即在其他目的上對我也是有益的。現在，義務的法則，因其積極價值之故，它發現自己更易於被接近，即在「我們的自由」的意識中通過「尊敬我們自己」而較容易被接近。當這一點已被建立時，當一個人所恐怖者再沒有什麼比「依自我省察在其自己眼中，發現自己為毫無價值而且非常可鄙」為更可怖的東西，此時，則每一道德意向

即可被結合到這一點上去，因為這一點是防止心靈受污濁的（腐敗的）動機壓力的最好守護者，不，是唯一的守護者。（《實踐理性批判》）

　　這種發現自己因逃避責任而變得毫無價值的羞愧感就是良心的責難，因此，良心是道德責任最好的守護神。

## 良心是人內心的法官

　　道德與法律不同。法律可以以強制力量來執行，而道德則沒有這一強制權威。道德難道是一紙空文，沒有任何約束嗎？康德不這麼認為。康德將道德原則的履行寄託在人的自由遵循之上：

　　人心中的一個內部法庭的意識便是良心（在此法庭前人的心意互相責難並相互原諒）。每一個人都有良心，並且每一個人都覺得他自己為某一內部的法官（檢察官）所注視，此內部的法官威嚇他，並且使他處於恐懼中（處於敬畏中，處於與懼怕相結合的虔敬中）；而這種力量，即「注視或守護在他之內的法則」的力量，並不是某種「他自己所隨意造成」的東西，而是生而有之的，即天生俱於其存在中。當他想去逃避它時，它卻像影子一樣永遠跟著他。他確實可通過快樂與分散（迷亂）而自欺（自己愚弄自己），但他不能避免偶爾醒悟，在醒悟時，他即可覺察到它可怕的聲音。在其極度的墜落中，他確實不可注意此聲音，但他又不能不去聽它。（《實踐理性批判》）

　　對於違反道德的行為，康德認為有一個內心的法官在審判，這法官就是良心，他無時無刻不在審查我們的行為，使我們無可逃遁。

## 良心是內心的上帝

良心無時無刻不在監督我們，讓我們在違反道德規範時遭受內心的譴責，可以說，它是我們心中的上帝。如果說，良心是存在於人內心的上帝，具有無上的權威，那麼，人們自然會問，良心有什麼特徵呢？康德的回答是：

現在，這一種根源於理智的道德能力，被稱為良心，它有這樣的特徵，即一個人克服自己的偏好興趣，而且這個人為他的理性所逼迫，被逼迫著去處理這項事業，好像是在另一人的命令下去處理這項事業似的。因為這種處理在這裡就像是在法庭前的一種裁判行為。但是，「一個為其良心所責備的人必須被思議為與法官為同一人。」……因此，在一切義務中，人的良心，如果它要想避免自相矛盾，它必須視自己以外的另一個人為關於「他行動」的法官。因為良心是一切自由活動的內部法官（檢察官）。現在，因為這樣一個理想化的道德的存在必須同時有一切力量（天上地下的一切力量），因此，我們可以把「諸命令的適當結果，給予一切力量以力量」的這樣一個道德的存在即叫作上帝，所以良心必須被思議為「一個人在上帝面前為其自己的行為負責」這樣一種負責的主觀原則；這種上帝的概念包含在（雖然祇是隱晦地包含在）第一道德的

「自我意識」中，不祇「在上帝面前」而已。（《實踐理性批判》）

## 義務與私利的差別

　　道德原則具有普遍約束性，即義務，而私利與人的感性欲望有關，依賴於人的性情與愛好，兩者的差別是明顯的。（《實踐理性批判》）

　　康德並不一般地反對感性私利，但感性私利在道德層級上無疑處於底層。事實上，義務與私利並不矛盾，在大多數情形下，兩者是一致的：

　　在此，我不敘述與義務不一致的一切行動，雖然這一切行動對某些目的或許有用，因為就這些行動來說，它們可能根本不會發生，因為它們甚至是與義務相衝突的。那些符合義務，但人們並無直接的喜好，因為人們依據某種別的偏好所逼迫而行動，在這樣的情形中，我們很容易辨別出符合義務的行動是否以義務為依據，或是以自私的目的為依據。但是當這行為符合於義務，而做此行動的人有一直接的偏好，那麼去作這種分辨就很困難。例如，一個商人決不會對一個沒有經驗的買主高索售價，這總是義務的事；而且凡是商業盛行的地方，謹慎的商人也不會「隨意」高索售價，祇保持固定的價格。這樣，一個兒童去買他的貨物也與其他任何人一樣。因此，人們被誠實地對待，但這還不足以使我們相信商人這樣做是由於義務的原

因，並出於誠實的原則而這樣做：他自己的利益需要他如此做；在這種情形下，去設想「在他自己的利益之外，他也可以有一種直接的意願以顧念買主，係念於尊重他人的義務，他決不應厚此而薄彼」，這樣想是離題的。依此，這種行動既不是從義務而做成，也不是從直接的偏好而做成，祇是以自私的目的而做成。（《實踐理性批判》）

## 人性的豐富與道德的普遍

　　人在不同的時刻、不同的處境會表現出不同的人性，或者說，人性隨時空和社會條件的改變而改變，但道德原則卻是普遍的。很多人（包括道德學家）祇看到人性的變化性就否定道德原則的存在，或者對道德原則視而不見，這是康德所不能容忍的：

　　我們祇需看道德學家們在那種被大眾所喜愛的樣式中的試驗，我們將在奇異的混雜中一會兒見到人性的特殊構造，一會兒見到圓滿，一會兒又見到幸福，在這裡見到道德感，在那裡又見到敬畏上帝，見到關於這個有一點，關於那個也有一點，但他們卻始終沒有問一問：道德的原則究竟是否可在人性的知識中去尋求，如果不是如此，如果這些原則一起都祇能脫離每一種是經驗的東西而先驗地見之於純粹理性概念中，此外更無他處可求，甚至一點也不要在他處求，去采取這方法，即「使這工作純粹的實踐哲學，或當做道德的形而上學，而成為一個個各不相同的研究」這方法，去使它因其自己而達於完整，並且去要求那意願通俗討論的大眾去等候工作的成果。（《道德形而上學》）

# 內心的道德律令昭示偉大

人的價值與尊嚴何在？這短暫又漫長的人生如何度過？我們最終都會走向死亡，但不同的人生價值各有不同，所以古人有言：「死有重於泰山，有輕於鴻毛。」作為一個卓有成就的哲學家，康德常常為兩樣東西而激動：頭上的星空和心中的道德律令。前者是自然界的象徵，後者是人類倫理道德的象徵。兩者共同昭示著人類的偉大：

有兩種東西，我們越是時常地不斷地反省它們，它們便總是以新的而且加深的仰慕與恐懼來充滿我們的心靈，這兩種東西便是在我之上的星空與我之內的道德法則。我並不去尋求它們，去猜測它們，好像它們被隱蔽在黑暗中，或是被隱蔽在超越視線之外的「超絕區域」中；眼見它們在我面前，並且我直接地把它們與「我的存在」的意識相聯係。此兩種東西的前者（天體），從我在外部的感觸世界中所占有的地方開始，並從此把聯係擴大到一個「具有世界上的世界一級系統的系統」的無界限的廣漠，而且把我的聯係擴大到這些世界與系統的週期運動的無限制的時間中。而後者（道德法則）則從不可見的自我以及人格性開始，並把我展示於一個「有真正無限性」的世界中……（《實踐理性批判》）

## 理性地對待世界

　　頭上的星空是自然科學的對象，心中的道德律令是道德學的對象，兩者構成人類生存的整個世界，祇有以理性的方式才能認識，而非理性的方法帶來的祇是迷信。

　　康德說：

　　世界的默識開始於這最高貴的景象，即「人類的感性作用所呈現給我們」的景象，以及「我們的知性以其廣大的擴張所及所勘能去追隨」的景象；而此路結束了——結束於占星學。道德學開始於人性最高貴的屬性，此最高貴屬性的發展培養給我們對於「無限的功用」的展望，結束於狂熱或迷信。（《實踐理性批判》）

　　那麼，科學或道德（頭上的星空和心中的道德律令）如何避免迷信？康德認為，它們需要有來自於哲學的監督，哲學可以厘清科學和道德的根據所在。這是自然科學出身的康德最終選擇哲學為其終生職業的原因：

　　科學是那「引致真正實踐的智慧論」的狹窄之門，如果實踐的智慧論不祇是意味那「一個人所應當去做」者，這就意味著：應當對人類理智作一指導，而且能夠服務於教師使其很好地，而且清晰地構造每個人所必應當遵循的智慧之路，並防止他人誤入歧途。哲學必須總是繼續要成

為此門學問的監護人，雖然一般人對此門學問的精微研究不感興趣，但他們也必定感興趣於那些結成的主張，而這樣的一種（批判的）考察（如本書者）首先把此等結成的主張置於一個清晰的線索中。（《實踐理性批判》）

Immanuel
Kant

## 無聊是一種壓抑人的重負

因此，感到自己的生命，覺得快樂，無非就是感到自己被不停地驅動著從當前的狀態中走出來（因而這狀態必定也同樣是一種經常回復的痛苦）。由此也說明，對於一切注意他的生命和實踐的人（即有教養的人）來說，無聊是一種壓抑人的重負。使我離開所在的那一瞬間並過渡到下一瞬間去的這種壓力或驅動力是加速度的，它可以一直增長到決心使其生命作一個了結，因為那窮奢極侈的人嘗試過一切方式的享受，對他來說不再有什麼新的享受了。正如巴黎人談到英國勳爵摩丹特時說的：「這些英國人吊死自己是為了消磨時間。」在心裡所知覺到的感覺被空虛激發起這樣一種恐怖（空虛的恐怖），仿佛是預感到一種緩慢的死亡，它被認為是比由命運來迅速斬斷生命之線還要痛苦。（《論優美與崇高》）

在無聊中，人的生活沒有創造任何有意義的東西，相反，無聊不斷地吞噬著人類有限的生命，讓人意識到生命的重擔，增加人生活的重壓。上述康德的語錄告誡我們，無聊的生活是一種活著的死亡，是一種無意義的生命的耗散。

## 世界隨感覺而變

　　人的感情需要是如此的多變和豐富多彩。不同的情感是不同的感覺狀態。希臘哲人伊壁鳩魯說：「當幸福在時，我們便擁有一切，而當幸福不在時，我們便儘力謀求它。」對此，康德非常敏感：

　　這也可以說明，為什麼用快樂來縮短時間也被視為同類的事情，因為時間度過得越快，我們就越會感到精神爽快。比如愉快的乘車旅行時，一次交往使三個小時在談話中快快活活地度過了。當下車時，如果其中有一個人看看錶，就會高興地說：「時間不知不覺就過去了！」或是：「時間過得多麼快啊！」相反，如果人們對時間的注意並非來自於對他所儘力擺脫的痛苦的注意，他當然也就會惋惜每一瞬時間的流逝了。那種很少變換觀念的人即使不被看做一個重要的人物，也被看做一個可愛的人物，祇要他一走進房間，所有在座的客人就都面目生輝，像從重壓之下解放出來那麼快活。（《實用人類學》）

　　痛苦的感覺讓人覺得歲月的難熬和時光的遲緩，而快樂的感覺則讓人感到時光飛逝。世界隨我們的感覺而變，幸福的感覺需要我們不斷地追求，理性地謀取。

## 理性的態度才能改變痛苦

　　人生難免遇到諸多痛苦，有人因被誤解而痛苦，有人因學業不順而痛苦，有人因事業失敗而痛苦，有人因婚姻矛盾而痛苦，還有人因病痛折磨而痛苦等等。然而，如何面對痛苦？這並不是一個簡單的問題。在康德看來，要真正擺脫痛苦，必須以理性的態度來面對：

　　人們把痛苦當做某種從來祇能阻礙生命的事情，而預先為之焦慮不安。常說，某人對某事（一件壞事）心焦。但人們不必對任何事情心焦，因為凡是不可改變的事，都必須從思想裡清除，想要使發生了的事情不發生乃是毫無意義的。改善自己的確不錯，而且也是一種義務，然而，還想去改善那已超出我能力範圍之外的事情，就是糊塗了。但是，把任何一件被人們看做要下定決心去記住的好的建議或教導銘記在心，卻是一種深思熟慮的思想傾向，即把自己的意志與現實這一意志足夠強烈的感情結合起來。不去把自己的信念迅速地體現於一種更好的生活作風上，而去作自我折磨的懺悔，這是純粹的徒勞。它還可能有一種惡劣的後果，即以為僅僅通過這（悔罪）就省得現在再以理性的方式為改善自己而加倍地努力了。（《實用人類學》）

祇有理性地面對痛苦，才能避免痛苦的一再重復而對自己反復侵襲。

## 健康的享樂方式是一種修養

一般來說，享樂是一種消耗性行為。但是康德認為，還有一種提昇性享樂，他能增加人們工作的熱情。康德告誡人們，特別是年輕人，要熱愛勞動，因為它能讓人們的享樂能力越來越強。

有一種享樂的方式，同時又是一種修養，即對自己享受這種快樂的能力進一步加以擴大，例如，用科學和美的藝術來享樂。但另外有一種方式卻是磨損，它使我們今後繼續享受的能力越來越差。但要問起人們可以用什麼方法不斷地去尋求快樂，那麼像上面已經說過的，這裡有一條主要的準則：應當如此分配自己的享樂，使得它總體還可以再提高。因為對享樂之膩足會導致人的惡心狀態，對於一切都被滿足的人，這甚至會使生命成為負擔，而且使女人們因氣鬱而憔悴。——年輕人！你要熱愛勞動，輕視享樂，並不是為了放棄享樂，而祇是儘可能多地將它們永遠保持在視野當中！不要過早地用享樂來鈍化對享樂的感受啊！老年人，如果你從來不抱怨任何一種物質享受的缺乏，這樣一種成熟性甚至會在這一犧牲中向你許諾一個心滿意足的資本，它既不依賴於偶然，也不依賴於自然法則。（《判斷力批判》）

## 形而上學關切人類的生存

任何人心裡都有這樣一個形而上學，雖然經常處在灰暗的狀態中。（《道德形而上學》）

在康德的信念中，形而上學植根於人類的心靈，恢復形而上學就是重新樹立人的心靈的尊嚴。為什麼需要形而上學？因為形而上學關注的是人類生存的全部範圍：

第一個問題，我能知道什麼？第二個問題，我能做什麼？第三個問題，我能期望什麼？第四個問題，人是什麼？第一問由形而上學回答，第二問由道德回答，第三問由宗教回答，第四問由人類學回答。歸根到底，所有這些可看做是人類學，因為前三問都與最後一問有關。（《邏輯學講義》）

因此，康德的如下疑問就可以得到解答了：

哲學僅僅是純粹的玄想嗎？哲學到底有何功用？形而上學是必要的麼？這不僅是每一個對哲學有興趣的人都會心生疑惑的問題，甚至也是所有人聽到哲學這個詞最直接的反應。確實，如果從直接的社會功用來說，哲學似乎不像經濟學、物理學、統計學乃至數學那樣，能直接帶來社會進步。那麼，哲學所瞄準的是人類的什麼地方？（《純粹理性批判》）

康德確信不疑地認為，形而上學是必要的，它是人類心靈最隱蔽的渴望。問題不在於是否需要形而上學（哲學），而是需要什麼樣的形而上學，重建形而上學是康德哲學最為明顯的目的。康德將他的這一意圖表述得清清楚楚：

　　要人類心靈永遠放棄形而上學的探求，猶如怕污染而放棄呼吸一樣之不足取，因之世界上總有形而上學，每個人，特別是每個反思的人，都會有形而上學，並由於沒有公認的標準，都將按自己的類型來塑造它。迄今為止被稱為形而上學的，不能滿足任何批判的心靈，但要廢棄也不行。所以一個純粹理性批判自身乃屬必要。（《純粹理性批判》）

## 激情的增長使人窒息

一件壞事，如果是由一個意外的原因造成的，它是令人痛苦的，但如果是由人們自己造成的，則是令人悲哀和難過的。促使主體停留於原狀的感情乃是快適的，而推動他離開原狀的感情則是不快適的。當聯係到意識時，前者稱為快樂，後者稱為煩惱。作為激情，前者叫作高興，後者叫作悲傷。放縱的高興和沉陷於悲傷，即悲痛不已，都是對生命有害之激情。但是人們從死亡登記表上發現，比起後者，有更多的人由於前一種情況而突然喪命。因為，由於意外地展示出一個不可限量的幸福前景而產生的希望，作為一種激情，它使心靈完全沉浸於其中，以致這激情一直增長到使人窒息的高度；反之，在後一種情況下，心靈總還是自然而然地用希望和那不斷引起恐懼的悲傷相抗爭，於是就是緩慢地死亡。（《判斷力批判》）

心靈無法經受不斷滋長的激情的折磨，祇能慢慢地走向寂滅。因此，對於個人的養生來說，長久地被激情所控制會產生鉅大的危害。

## 奢侈並不等於放縱

如何正確看待奢侈？奢侈的行為往往被看做是有害的。但在康德看來，並不必然如此。奢侈可能導致放縱，特別是過度的奢侈沒有與社會公共的福祉相背離的時候尤其如此：

奢侈是在公共活動方面，在帶有鑒賞的社交生活中豪華過度的。但這種過度豪華如果沒有鑒賞，就是公開的放縱，當我們來考察享受兩種不同結果時，那麼奢侈就是一種不必要的浪費，它導致貧窮；但放縱確實是一種導致疾病的浪費。前者倒還可以與民族的進步文明一致，後者則是一味地享受，最終導致惡心。這兩者所具有的虛誇性都要比自身的享樂性更多；這在前者是由於為了理想的鑒賞力而精心考究，在後者是由於在口味感官上的豐富多彩。政府是否有權用反浪費法對這兩者加以限制，是一個不必在此回答的問題。（《教育學》）

奢侈祇是個人選擇的一種生活方式而已，康德的這一觀點似乎是在為奢侈平反。

## 控制激情才能達到內心的平靜

激情是使心靈失去自制的那種感覺的突襲，所以它是衝動的。也就是說，它使感情迅速膨脹到不可能進行思考的程度，這並不減少內心的衝動強度而采取不動激情的是健全態度，同時也是健全知性的淡泊。頭腦清醒的人所具有的這種品質是不讓自己的冷靜思考被那種強烈的衝動所打擾。震怒的激情沒有在當時一下子幹出來的事，人是再不會去幹的，而且很容易將其忘掉。仇恨的情欲卻為自己選擇時機，以便站穩腳跟，窺視敵手。一位父親或教書先生，祇要他聽完了道歉而當時忍住了怒火，那麼久不會再進行處罰。迫使一個怒氣衝衝闖進你的房間，在激怒中對你出言不遜的人規規矩矩地坐下來，如果你做到了這一點，那麼其責怪就已經得到緩和，因為從容地座談是一種鬆弛，它是與橫眉怒目的表情和站著喊叫不相容的。（《判斷力批判》）

康德並不反對合理的欲望，但欲望發展為激情則是康德所不能同意的。在激情中，理性失去了控制感性的能力，感性為非理性的本能所驅使，最終給人帶來追悔莫及的後果。祇有控制激情，才能達到內心的平靜。

## 控制情欲更重要

　　相反，情欲是可以拖時間的，也是帶有思考的，儘管為了達到其目的，它也是熾烈的。激情的作用好比一陣衝毀堤岸的波濤，情欲的作用則像一條越來越深地淹沒河床之河流；於身體的影響上，激情好比一次中風，情欲則像一場肺結核或黃萎病；激情猶如一覺可以睡醒的昏醉，即使隨之而來的還有頭痛；情欲看上去則像是吞了毒藥的病相或畸形的樣子，它需要一個內心的或外在的精神病醫生，但這醫生多半開不出徹底根治的藥，而幾乎總是祇去開些鎮靜止痛劑。（《實用人類學》）

　　很顯然，情欲比激情更具危害性，激情的泛濫可能導致個人的瘋狂，但情欲的泛濫則可能導致個人的毀滅，因此，控制情欲比控制激情更為重要。

## 著眼於整體生活的幸福

要獲得幸福，康德建議我們要將眼光放在生活的整體之上：

一般說來，問題並不在於形成激情狀態的某種一定的感情太過強烈，而在於通過思考把這種感情與所有他當時一切感情的總和作比較做得還不夠。一位富翁，當他的僕人在節日裡端盤碟時笨手笨腳地打破了他一隻漂亮而珍貴的高腳玻璃杯時，如果他能在這一瞬間把這種快樂的損失與他作為富翁的幸運所帶給他的一切快樂的總量相比較的話，就會把這個事故不當一回事了。但他現在完全放任自己在這一個別事故上的痛苦感情，所以毫不奇怪，他於是產生出這樣的心情，好像他整個的幸福都失去了一樣。（《教育學》）

毫無疑問，日常生活會不斷給我們帶來各種損失和痛苦，但祇要我們想到我們已經享受了非常美好的人生，而且還有很美好的人生等待著我們，這些現實的痛苦就顯得微不足道，我們也不會被它所束縛了。

## 個性與氣質

　　每個人都有自己獨特的個性和氣質，它們對人有什麼樣的意義？個性特徵與人的天性稟賦、氣質性情等有關係。個性與氣質是天生的還是後天形成的？我們在塑造自己獨特的個性氣質的時候，應該注意些什麼？（《實用人類學》）

　　康德告訴我們，個性不建立在一個人與生俱有的特徵，如外貌、體格、身材、情緒等具有本能性質的特徵，而建立在一個人的理性能力上：

　　在實用的意義當中，特性一詞的普遍意義一般在兩方面含義上來使用：一方面是說，某個一定的人具有這種或那種性質，而另一方面是說，他特別具有一個精神的個性，它祇能是一種唯一的個性，要麼就是完全沒有個性。前者是作為一個感性的或自然的存在物辨別標誌，後者是他作為一個理性的、天賦自由的存在物的辨別標誌。一個有原則的人，如果人們有把握地知道不能從他的本能，而祇能從他的意志來測度他，那麼他就有一種個性。因此，為了避免在屬於欲望能力的東西裡發生同語反復，我們就可以按照這種性格特點反對性格的描述劃分：a. 天性或稟賦，b. 氣質或性情，c. 無條件的個性或思想方式。

Immanuel
Kant

242

前兩種素質表明可以從一個人身上產生出什麼，後一種素質表明，這個人決心從自身中產生出什麼。（《實用人類學》）

## 好的天性不依賴於機緣

具有一顆善良的心，有一副好的性情，並不意味著一味的好脾氣。善良的人很容易被別有用心者利用，所以善良者還需要有較高的智慧：

一個人有一副好脾氣，這就是說，他不是執拗的而是隨和的；他雖然被激怒卻很容易平息而不懷怨恨。相反，要能夠說一個人「有一顆善良的心」，雖然這也屬於性情的範疇，卻已經表達出更多的意思了。這是一種導致實踐的善的內心衝動，儘管做這種事並不是最為基本的原則，它可能會導致好脾氣和好心腸的人——這兩種好人，都有可能被一個狡猾的家伙隨心所欲地利用。（《教育學》）

正因為有很高的智慧，所以好的性情是不依賴於偶然的機緣的，因為好性情是一個人內在品德的表現：

天性與其說是指欲望能力，不如說是指在一個人被另一個人所感染時那種愉快和不愉快的感情。這時生命不祇情緒性地顯示出來，而且也在活動中外在地顯示出來，雖然祇是根據感性的衝動顯示出來。在這種關係裡就存在著氣質，而這種氣質又還必須與某種習慣性的傾向區別開來，因為後者的原因並不在於天資，而祇是機緣所致。（《教育學》）

## 相面術的技巧

在與人交流時，正確理解對方的要求與想法非常重要。但如何能夠正確揣摩對方的意圖，往往單從言語的表面意思難以有準確的把握。從交流者的面部表情中透露出的信息判斷或許更可靠，西方因此還形成一門專門的學問：相面術。相面術非常複雜：

相面術是從一個人的可見的面部形象，也就是從他的內心的外部表現來做判斷的技藝。據說其根據乃是人的性情和思想方式。在這裡，對他做判斷不是在他生病的時候，而是在他健康狀態中；不是在他情緒激動時，而是在心情平靜時。不言而喻，當人們出於這種意圖來判斷一個人時，這個人就覺察到別人正在考察他，正在窺視自己的內心，他的心靈就不會是平靜的，而是處在被強制的狀態，內心激動的狀態，甚至是眼看著自己被別人審查時的不滿狀態。（《教育學》）

把握相面術的技巧，對提高我們與他人，特別是陌生人的交往能力或許會有不小的幫助。人們常說，眼睛是心靈的窗戶。一個人的面部表情、神態，乃至一個眼神、一絲不經意的笑容或嘴角不經意的蠕動，所能夠透露出的內心秘密更多，也更真實。

## 交往過程中的「辯證法」

一個人的面部表情會透露出什麼樣的信息，這與他具有什麼樣的正常表情有很大關係。當表情與其正常的面部表情不一致時，輕微的語調變化，或神情的轉換都表明交流者要隱藏某些事情。康德發現了交流活動中的這一著名「辯證法」——越是急於掩飾某些東西，越是會暴露更多東西：

神態是正在活動中的面容，這是由或強或弱的激情在人身上造成的。一種激情的影響不通過神態是難以顯露出來的。神態在對表情和聲音的努力克制上就已經泄露了。在控制自己在激情上過分軟弱的人，他的神態變化也會把他想要藏起來、瞞過別人的眼睛的心事揭露出來。但是那些精通此道的人，如果看穿了他們的話，通常就不被認為是最好的人，可以加以信任的人，特別是當他們熟練地裝出的神態與其所作所為相衝突時。對於有些有意撒謊，但卻不自覺地暴露出心事的神態加以解釋，而這種技藝可以有許多微妙的觀察作為依據。我在這裡祇想對其中一種加以考察。如果有一個人，他一直並沒有斜視的毛病，而當他說話時眼睛看著自己的鼻尖，因而眼光也斜，那麼他所說的話一定是在撒謊。但我們決不能把一個斜視者的、有

生理缺陷的眼睛狀態劃入此列，這種斜視者與撒謊者的劣習可以說是毫不相干的。」（《教育學》）

不過，康德提醒人們，在觀察人們的面部表情的時候，有很多需要注意的地方，因為你在觀察對方的時候會給對方帶來不自在的感覺。

## 正直是男人的魅力所在

男人的魅力何在？在於他面容姣好嗎？非也。是因為他心地善良嗎？也很難說。哲學家康德認為，男人是否有魅力，在於能否在女人眼裡具有光輝。而一個內心平和，性格正直的男子更容易在女人心中具有這樣的光輝。康德曾說道：

面容上的性格特徵對一個男人來說，糟糕的倒不是他的面孔由於膚色和麻痺變得醜陋，而是自己在女人眼裡時變得不甚可愛。因為，如果他眼裡閃爍著善意，如果從他的目光中，對自身力量的意識帶著寧靜的表情而放射出正直的光輝，那麼他就總是可以招人喜愛並值得人愛，人可以被大家這樣承認。人們拿一個這樣的人及其可愛之處來打趣，一位夫人也可以因有這樣一位丈夫而自豪。這樣一副面孔並非漫畫，因為漫畫是由於編出笑話這樣一種激情而對面部進行故意誇張的描繪，它屬於表情範疇；而那種面孔則不如看做是大自然所具有的某種多樣性。它不能稱之為醜陋的面孔，反之，即使它並不嫵媚，也不美麗，但如果畢竟也不醜的話，也就能喚起愛情。（《教育學》）

正直的性格讓男人成為一個值得信賴的人，因而是具有吸引力和魅力的人。

## 男女的天性需要互補

男人的優勢來源於大自然的饋予，因為男人的體力和勇氣是天生的；女人的優勢是文明發展的結果，因為女人控制感情的天賦來自於文化的培育：

男人和女人是生活中的兩部分，但這兩部分的任意匯和是不夠的。一部分勢必屈從於另一部分，並且交互的，一部分在某一點上對另一部分占優勢，以便能控制或統治另一部分。因為如果相互不可或缺的這兩部分都要求平等，自愛心就會引起無謂的爭吵。一方必須在文化的進展中以不同的方式取得優勢：男人通過其體力和勇氣而勝過女人，女人則通過在男人追求自己的意向面前控制感情的天賦而勝過男人。相反，在尚未開化的狀態中，優勢僅僅在男子一方，所以在人類學問中，女性的特點比男性的特點更像是一門哲學家的學問。在原始的自然狀態中，女性的特點正如野生的蘋果和梨一樣不能被認識到，這些野生的蘋果和梨的多種性質和祇有通過嫁接和接枝才被發現。因為文化並沒有把女人的這種特徵帶進來，而祇是促成了它的發展，並使之在有利條件下明顯可見。（《實用人類學》）

關鍵在於，男性的天性（體力和勇氣）必須和女人的天性（善於控制感情）相互補充，人類才能健康完善。

## 柔弱是女人的武器

　　就體質的力量而言，女人遠遠不如男人。女人有哪些性情，這些性情以什麼樣的方式保護女人的地位呢？在家庭生活中，女人有其不可替代的職能，特別是對人類繁殖的鉅大貢獻，使沒有強勢力量的女人能夠獲得家庭中的合法地位。十八世紀的康德對女人的力量何在這一問題有一個經典的概括——女人以柔弱為利器：

　　柔弱就是女人氣，就是軟弱性。人們拿這一點開玩笑，傻瓜們以此而取笑她們，而懂得世故的人卻看得很清楚，這正是把他們抬高到能操縱男子漢使之服務於自己意圖的一種手段。男人是容易被考察的，婦女卻不泄露自己的秘密，儘管別的女人的秘密（由於她的多嘴）在她那裡也保守得很差。男人喜歡家庭和睦，並且願服從女人的管轄，祇要不認為是對自己事業的干擾；女人不怕因口舌而引起家庭紛爭，大自然就是為此目的而賦予了她多嘴和矯揉造作的辯才，以解除男人的武裝。男人立足於在家中發號施令的強者的權力，因為他應當為保護家庭來對付外部敵人；女人則立足於從一部分男人得到保護來對付另一部分男人的弱者的權力，她用怨恨的眼淚使男人失去抵抗，因為這種怨恨向他揭示了他沒有的力量。當大自然把它最

寶貴的信物，即物種，託付給女人的身體，而通過胎兒使人類繁殖下去並達到不朽時，它彷彿是由於顧慮到種的保存，於是就把一種恐懼，即對身體傷害的恐懼以及對類似危險的畏怯植入了女人的本性之中，而這種軟弱性則給了女人合法地從男子那裡要求保護的權利。（《實用人類學》）

## 文化教養給女人帶來尊嚴

男人之間，往往以力量的原則、以強者勝弱者敗的叢林原則來獲得個人的尊嚴，不管是商業上的成功還是在社會上獲取榮譽的活動，都遵循一種力量的原則。女人的原則卻不同，可以說她們遵循的是一種文化教養的原則，而這是一個更有力量的原則。康德如此寫道：

由於大自然還想引出那些文化教養方面的，也就是善於交際並合符禮貌的細致感覺，它就有先見之明地讓女性通過她們的賢淑，以及她們在說話時的善於辭令和富於表情，成為男子的主人；她們有權要求男子溫存有禮地對待自己，以至於男子從孩提時代起就已無形中被束縛在自己的寬宏大量中，雖然這並不見得就導致道德本身，但卻預示著產生出作為道德外衣的東西，即那種為道德作為準備和做勸導的有教養狀態。（《實用人類學》）

## 按可普遍化的道德行動

　　道德是人的尊嚴的體現，同時也是人類歷史不斷前進的動力，因而具有最高的價值。它超越了人的動物本能和欲望支配，達到了完全的自主——這才是真正的無限。

　　在這個人格中，道德律令就給我呈現出一個獨立於動物性，甚至獨立於全部感性世界以外的一種生命來。這一層是至少可以從這個律令所指派給我的有目的的命途所推斷出來的。這個命途不是限於今生的條件和限制上，而是達到無限的。（《實踐理性批判》）

Immanuel
Kant

254

　　那麼，道德的依據是什麼？道德行為的標準又是什麼？康德的回答非常明確——道德的標準是否能普遍化：

　　純粹實踐理性的基本法則：不論做什麼，總該做到使你的意志所遵循的準則永遠同時能夠成為一條普遍的立法原理。（《實踐理性批判》）

　　……到底是什麼樣的律令，它的概念必須決定意志，不估計從中獲得任何效果，使這個意志能稱作絕對的、無條件的善呢？由於從意志中剝去了一切可由服從任何特定律令的衝動，這裡就祇剩下行為與律令的普遍一致，祇有這給意志提供了一個原則。這就是：我一定如此行為，使我能意願我的準則成為普遍律令。……所以，祇有一個絕

對命令，這就是：祇照你能意願它成為普遍律令的那個準則去行動。（《道德形而上學基礎》）

祇有按照普遍的道德律令行動，那些不可普遍化的行為，如撒謊、偷盜、欺騙、暴力等行為才失去了立足之地——因為這些行為的普遍發生祇能導致人類社會的動蕩和毀滅。

## 人是目的

遵循普遍的道德律令，一方面是要使行為的原則能夠普遍化，更重要的是，要在任何情況下把人當做目的，這就是康德著名的「人是目的的觀點」的依據所在。這也是絕對道德律令的自然要求：

這樣行動，無論是對你自己或對別的人，在任何情況下把人當做目的，絕不止當做工具。（《道德形而上學基礎》）

站在絕對道德律令的基礎上，站在人是目的的基礎上，康德認為，祇有理性才是普遍的立法原則：

……意志的第三個實踐原則（它是與普遍實踐理性相諧和的最高條件），就是：每個有理性的存在著意志當做普遍立法的意志。（《道德形而上學基礎》）

由此可見，康德的倫理學的出發點和歸宿點都是人。人自身的理性是道德的最終根據，理性的普遍化是道德的必然原則。除了外在強加的神聖感，康德賦予的是理性自身的神聖性：

現在自然的結論就是：在目的國度中，人（連同每一種有理性的存在者）就是目的本身。那就是說，沒有人（甚至於神）可以把他單單用作手段，他自己總永遠是一

個目的。因而那以我們自己為化身的人的本質對我們自身來說，一定是神聖的。——所以得出這個結論，乃是因為人是道德律令的主體，而這個律令本身就是神聖的……這個道德律令就建立在他的意志自律上。這個意志作為自由意志，同時就依照他的普遍法則必然符合於他願當服從的那種東西。（《實踐理性批判》）

## 尊重權威，超越權威

每一個時代、每一個領域都有自己的權威，權威是行業的領先者，也是時代的強者。不過，權威作為時代的領先者或領域的領頭羊並不是絕對的，對於權威者權威身份的認定並不代表權威就是絕對真理。因此，對於權威既要尊重，又不能盲目屈從，這也是康德對待權威的態度：

我相信，我有理由就我利用這幾頁紙對世界所作的判斷而言得出一個如此之好的看法，以致我擅自批駁偉大人物們的那種冒昧，不會被解釋為我的罪過。曾經有過一個時代，人們在如此膽大妄為的時候不得不有很多擔憂，但我想，這個時代從此已經結束了，人的知性已經幸運地擺脫了昔日無知和驚讚所加給它的桎梏。從現在起，倘若牛頓和萊布尼茨的聲望與真理的發現相悖，人們也能夠敢於大膽地認為它一文不值，並且除了知性牽引之外，不服從任何其他的勸說。（《活力的真正測算》）

對權威保持恰當的敬意，同時保持自己獨立的判斷——這就是超越權威所必經的道路。

## 克服虛榮心，擺脫成見

一個人為成見所控制，很大程度上是因為虛榮心的驅使，因為在成見中不需要任何思考，也不需要作任何改變，祇需要遵循慣常的習俗即可。因此，要是自己擺脫成見的束縛，首先就不要害怕改變，不要在既定習俗的慣性下作判斷，克服虛榮心，擺脫成見。

成見讓人感到愜意，助長安逸和自負，這是人們離開人類就擺脫不了的兩種品性。受成見支配的人把某些通常必定被輕視、使其屈就自己的人提高到所有其他人之上，達到一種不可攀的高度。這種優越感以完全等同的假想掩蓋了其餘的一切，使他意識不到至今仍在上述人們中間普遍存在的差別，這種差別通常會使他陷入不愉快的觀察，看到有人經常被尚處於中等水平的人們超越。

於是，祇要人的心靈的虛榮心還是強有力的，成見也就會保持下去，也就是說，它絕不會消失。（《活力的真正測算》）

事實上，對成見的克服，在很大程度上是開啟新知的一條重要途徑。

## 先對自己質疑

一般而言，偉人是那些在某些領域取得卓越成就的佼佼者，對於其成就，我們必須給予足夠的尊重。但是，我們並不能因此而喪失了我們獨立的判斷能力。在偉人的某些錯誤面前，保持自己的獨立並不是自負，而是對偉人成就的證明，因為，偉人之為偉人，也正是建立在他對前人的超越之上。

在進行這一探討的過程中，如果以為如此著名的人士的定理在我的知性看來是錯誤的，我將毫不猶豫地予以摒棄。這種冒昧將給我帶來非常可恨的後果。世人非常傾向於認為，相信這一件或者那一件事情上比一位偉大的學者認識更為正確的人，在其自負方面也超過後者。我敢說，這種假象是不真實的，而它在這裡確實是在騙人。（《活力的真正測算》）

世人不會如此荒唐地設想，一個有名望的學者根本不再有犯錯誤的危險。不過，一位偉大人物的全部洞察力都不能將他從中解救出來的這些錯誤，以為末流的、不知名的作家卻避開了，這是不可能輕而易舉地領悟的困難。在下面的話語中包含著很多放肆：最偉大的人類知識大師們徒勞地謀求的真理，首先呈現給我的知性。我不敢為這

一思想辯護，不過我也不願放棄它。（《活力的真正測算》）

　　當然，保持對權威的質疑，也不要陷入了盲目的自負，否則，我們自己就為成見所拘束。因此，對偉人質疑的前提是對自己的質疑。

## 對偉大人物的尊重

對偉大人物的質疑並不能推翻我們對偉大人物的尊重。無論如何，偉大人物在心智能力方面都是時代的佼佼者，即便是他們的困難或盲點，給我們的啟發也會大於一般人。對於偉人的成就，我們需要給予更為充分的肯定。

然而，在我如今努力清楚了各種不同的成見之後，最終還剩下某種合理的成見；在我的作品中興許還可以發現某種令人信服的東西，我要把它特別歸功於這種成見。既然諸多具有可靠的洞察力和判斷力的偉大人物都部分地通過不同的途徑，部分地通過同一條途徑，被引導到宣布同一個定理，那麼，設想他們的證明是正確的，與設想某一位蹩腳作家的知性的正確性相比，就具有更大多的可能性。（《活力的真正測算》）

# 後記

「動物祇為生命所必需的光線所激動，人卻更加為最遙遠的星辰的無關緊要的光線所激動。祇有人，才有純粹的、理智的、大公無私的快樂和熱情——祇有人，才過理論的節日。」

費爾巴哈的這段話無疑是康德一生的寫照。這位將其一生的熱情都投入於理解人類自身的偉大事業之中的哲學家，以其偉大的人格，再次證明了人類的偉大。

「我為人類而活。」

康德的這句帶有宣言性的話語穿越時空，成為二十一世紀的天空中仍然顫動著的最美的旋律。在複雜的編輯過程中，我不止一次地為康德的人格的純粹性而嘆服，為他精妙絕倫的語錄而拍案叫絕，為康德的哲學所昭示出的人類的偉大而激動不已。

在文稿編輯過程中，我常常惶惑不安，我能否為敬愛的讀者們傳遞出康德幸福論的精髓呢？我的編選能否讓讀者們自由地感沐到康德的智慧光芒和偉大人格呢？希望這些續貂的註解文字沒有誤會康德原著的意思。如果這本小冊子能夠給讀者帶來些微的啟發，哪怕僅僅是內心片刻的共鳴，編者的一番苦心也就沒有白費了。

需要提醒讀者的是，儘管康德的文字有些晦澀，但整體性卻非常強，以近似條目語錄相互參照的方式來閱讀，

讀者可以更快地領悟康德幸福論的思想光芒。

最後，感謝編輯部非常及時和重要的修改意見，感謝在編輯過程中給予幫助的所有人。

*Immanuel*
*Kant*

164

國家圖書館出版品預行編目資料

康德幸福語錄 / 趙良傑著. -- 修訂 1 版. -- 新北
市；黃山國際出版社有限公司, 2023.10
　　　　面；　　公分. --（幸福語錄；005）
ISBN 978-986-397-140-5（平裝）
1.CST：康德（Kant, Immanuel, 1724-1804）
2.CST：格言

　　　　108　　　　112008580

幸福語錄 005
康德幸福語錄

| 著　　作 | 趙良傑 |
| 印　　刷 | 百通科技股份有限公司 |
| | 電話：02-86926066　傳真：02-86926016 |
| 出　　版 | 黃山國際出版社有限公司 |
| | 220 新北市板橋區縣民大道 3 段 93 巷 30 弄 25 號 1 樓 |
| | 電話：02-32343788　　傳真：02-22234544 |
| E-mail | pftwsdom@ms7.hinet.net |
| 總 經 銷 | 貿騰發賣股份有限公司 |
| | 新北市 235 中和區立德街 136 號 6 樓 |
| | 電話：02-82275988　　傳真：02-82275989 |
| | 網址：www.namode.com |
| 版　　次 | 2023 年 10 月修訂 1 版 |
| 特　　價 | 新台幣 280 元（缺頁或破損的書，請寄回更換） |

ISBN：　978-986-397-140-5